国家出版基金项目
NATIONAL PUBLICATION FOUNDATION
天津市重点出版扶持项目

U0456070

协商民主的具体发展

对全国多地探索基层
协商民主工作主要案例的调研

郭 鹏 著

天津社会科学院 出版社

图书在版编目（ＣＩＰ）数据

协商民主的具体发展 ： 对全国多地探索基层协商民主工作主要案例的调研 / 郭鹏著. -- 天津 ： 天津社会科学院出版社，2025.7

（舆情表达机制建设与协商民主体系构建研究丛书 / 王来华主编）

ISBN 978-7-5563-0665-7

Ⅰ．①协… Ⅱ．①郭… Ⅲ．①基层工作－民主协商－案例－中国 Ⅳ．①D630.3

中国版本图书馆 CIP 数据核字 (2020) 第 197752 号

协商民主的具体发展 ：
对全国多地探索基层协商民主工作主要案例的调研
XIESHANG MINZHU DE JUTI FAZHAN ： DUI QUANGUO DUODI TANSUO
JICENG XIESHANG MINZHU GONGZUO ZHUYAO ANLI DE DIAOYAN

出版发行：天津社会科学院出版社
地　　址：天津市南开区迎水道 7 号
邮　　编：300191
电　　话：（022）23360165
印　　刷：北京盛通印刷股份有限公司
开　　本：787 毫米×1092 毫米　　1/16
印　　张：13
字　　数：155 千字
版　　次：2025 年 7 月第 1 版　　2025 年 7 月第 1 次印刷
定　　价：58.00 元

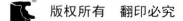

国家社会科学基金特别委托项目
"舆情表达机制建设与协商民主体系构建研究"
（14@ZH032）

序

  由我主持承担的国家社会科学基金特别委托项目"舆情表达机制建设与协商民主体系构建研究"（14@ZH032）于2019年5月顺利结项，并获得了当年国家出版基金资助，可谓双喜临门。目前，项目的主要研究成果（即四部研究专著）已经正式出版，我非常高兴。这个项目的完成是天津社会科学院舆情研究所从1999年10月创立并发展到今天，取得的多项重要学术研究成果之一，是十分突出的创新部分。舆情研究所曾经撰写和出版过国内首部《舆情研究概论》（王来华主编）和《网络舆情研究概论》（刘毅著）。另外，《微博诉求表达与虚拟社会管理》（毕宏音著）一书还获得过天津市哲学社会科学优秀成果一等奖，《舆情支持与舆情危机》（王来华主编）一书获得国家出版基金资助、国家出版基金年度优秀成果项目和天津市优秀图书奖。现在出版的四本专门研究"舆情与协商民主"的著作，也是填补了国内相关研究领域的空白。要强调的是，这几本学术著作的作者都是此研究项目的直接承担者（其中，毕宏音研究员还是本课题子项目负责人之一），他们都是在天津社会科学院茁壮成长起来的学术骨干，他们风华正茂，依靠自己的辛勤努力以及团队成员之间的相互协作，最终完成了项目研究的重任，为处于学术和实践工作前沿的研究作出了很大贡献。借此机会，我向他们表示衷心祝贺和诚挚感谢！

发展社会主义协商民主，是从党的十八大报告首次提出，到十八届三中全会展开具体部署，又到习近平总书记在庆祝中国人民政协成立65周年大会上详细论述，再到党的十九大报告的充分阐释，中国特有的社会主义协商民主逐渐蔚为大观，成为党和政府极力推动的一项战略性任务。2014年，习近平总书记在纪念中国人民政协成立65周年大会上对发展社会主义协商民主作出重要论断，引起了广泛的社会认同。当时一篇刊载在《人民日报》和人民网上的专题报道生动地引用了来自社会各界的评价，非常具有代表性。其中说道："习近平总书记今天讲得很解渴。""这个讲话是要留在历史上的，它大概标志着带有理想主义色彩的协商民主，进入自觉而深入的实施阶段。""讲话全文9100余字，其中近一半的篇幅在阐述'协商民主'种种，整个讲话提到'协商民主'四个字，计25次。"

党的十九大报告第六部分"健全人民当家作主制度体系，发展社会主义民主政治"中指出，要发挥社会主义协商民主的重要作用。有事好商量，众人的事情由众人商量，是人民民主的真谛。协商民主是实现党的领导的重要方式，是我国社会主义民主政治的特有形式和独特优势。要推动协商民主广泛、多层、制度化发展，统筹推进政党协商、人大协商、政府协商、政协协商、人民团体协商、基层协商以及社会组织协商。加强协商民主制度建设，形成完整的制度程序和参与实践，保证人民在日常政治生活中有广泛、持续、深入参与的权利。这段话里面包含了三个重要论述：一是有事好商量，众人的事情由众人商量，是人民民主的真谛。二是协商民主是实现党的领导的重要方式，是我国社会主义民主政治的特有形式和独特优势。这一点是习近平总书记在2014年庆祝中国人民政治协商会议成立65周年大会上的讲话中强调的,是对协商民主政治定位的高度概括。三是要推动协商民主广泛、多层、制度化发展,加强协商民主制度建设。这里具体指出协商民主制度化建设的任务和要求。从这些重要论述中,既可以深刻认识习近平新时代中国特色社会主义思想,特别是其中关于如何发展社会主义协商民主的重大意义,也可以认识中国社会主义协商民主的重要地位,找到全力推行中国社会主义协商民主的具体实现路径和着力点。

推动社会主义协商民主,又与一个宏大的主题相关,即国家治理体系和治理能力现代化。习近平总书记曾指出:"实行人民民主,保证人民当家作主,要求我们在治国理政时在人民内部各方面进行广泛商量。"我们围绕习近平总书记的重要思想进行思考,可以看到,利益多元化正逐渐成为现代社会的基本特征,治理这样的社会形态,就需要处理好"人民内部各方面"之间的互动关系。协商民主体现了国家和社会治理的理性决策思想,是一种民主的治理形式,因而成为国家治理的重要方式,在政治、经济和社会生活当中,发挥着化解矛盾、促成共识、整合利益和凝聚力量的重要作用。进一步看,从制度设计上讲,选举民主与协商民主的结合,不仅解决了权力来自哪里的问题,还解决了权力如何运行的问题,进而构成了我国民主政治的制度优势。

从党的十八大正式提出发展社会主义协商民主以来,党中央曾多次以政策文件方式提出相关发展要求和任务,充分反映了党的十八大至今,党中央推进协商民主广泛、多层、制度化发展的广度和力度。与此同时社会主义民主政治的发展和国家及社会治理的进步,让越来越多的学者关注协商民主的理论和实践问题研究,并取得了很多重要研究成果,形成了一些重要的学术观点。舆情研究者们也参与其中。

　　"舆情"是中国传统语境下的一个古老政治词汇,在中国历史上曾经被很多帝王将相所使用。在现代生活中,学者们吸收了民意理论的相关内容,并根据现实需要,把"舆情"一词提升为一个学术概念,围绕这个概念,生成了一个旨在研判和理顺民众与国家、社会管理者之间利益联系的现代学术范畴。针对舆情与协商民主之间的实践关联,经过调查和研究,我们认识到舆情工作是推动社会主义协商民主过程的一个重要环节。这一认识成为研究舆情与协商民主之间理论和实践关系的基本视角。沿着这一思路,我们最初就如何开展好此项研究工作,提出了一些想法。第一,形成舆情表达机制与协商民主体系之间相互联系的分析框架,厘清舆情表达机制建设在协商民主体系中嵌入的必要性与合理性,以实现民众合理利益的合理诉求为线索,把舆情表达机制建设作为推动协商民主发展的可行或可操作之"腿",提出并回答相关概念、关系、原则和模式等问题,阐释清楚中国特色社会主义协商民主广泛、多层、制度化发展中的相关理论和实际问题。第二,提出构建协商民主体系中舆情表达机制的规范模式和具体选择,在国家治理和基层民主这两个主要层面以及涉及国家、社会和人民这三个大方面,探究在各个层次和各种类别的协商民主形式中舆情表达机制建设与协商民主体系构建之间的连结点、操作环节、模式化程序以及法律保障环境等,推行内容和形式多样化的舆情表达机制,最终推动协商民主广泛、多层、制度化发展。第三,说明舆情表达机制嵌入协商民主体系,在党的正确领导下会如何推进健全民主制度、丰富民主形式,在各层次各领域扩大人民有序政治参与,充分发挥中国特色社会主义建设在政治制度上的优越性,并最终有效地推进国家治理体系和治理能力现代化。

　　最终,本课题的主要成果落实为五部分。第一部分为"舆情研究和政治学两个视角:中国协商民主的独特内涵和具体路径",主要从政治学和舆情研究的双重视角审视我国协商民主发展的内涵和路径,从理论层面解释舆情工作与协商民主相互结合的机制。第二部分为"协商民主的具体发展:对全国多地基层协商主要案例的分析",主要从舆情角度对协商民主的实践情况进行归纳和分析,观察和分析社会基层如何积极促进舆情表达与协商民主融合的具体做法和对策建议。第三部分为"舆情表达机制与人民政协协商民主建设",主要探讨了人民政协协商民主制度中舆情表达机制建设,提出了人民政协发挥协商民主重要渠道作用与其他渠道的衔接,以及在政协工作中推进舆情表达机制建设的实现路径。第四部分为"新媒体网络舆情合理性表达与协商民主体系建构",主要探索网络协商民主与舆情诉求表达、网络协商民主工作机制与网络舆情合理性表达机制之间的关系,探寻包含舆情合理性表达的网络协商民主建设的客观有效和可操作化路径。第五部分为"舆情合理表达机制构建及其对民粹主义的防范"(此部分由夏希原博士承担并很好地完成了相关研究工作),主要论证舆情合理表达机制是实现协商民主的中介、桥梁和基本要素之一,构建舆情合理表达机制,促进协商民主建设,应该汲取一些国家和地区的经验和教训,有效防范民粹主义泛滥及其对协商民主发展过程的侵害。

　　归纳大家的研究成果,就"舆情与协商民主"之间的相互关系,初步形成了一些比较重要的理论观点。

　　第一,舆情表达机制应嵌入协商民主体系中。从积极推动中国特色社会主义协商民主的高度,探究舆情工作与协商民主之间的相互关系,是一个比较新颖的研究视角。从舆情工作的发展需要看,协商民主的包容性和规范性既为民众利益诉求表达提供了更多机会,也因为协商民主具有的程序和规范要求,而对舆情表达方式(尤其是各类民众利益诉求)形成了"合理约束"。依靠协商民主工作来推动舆情表达机制建设以及这两者之间的有机结合,既有利于推动舆情表达的有序化、理性化,也丰富了协商民主的实现路径,有助于协商民主广泛、多层、制度化发展。

第二,健全舆情表达机制有利于促进基层协商民主发展。民众的话语权与舆情表达是一对相关概念,话语权需要借助舆情表达方式的健全来具体实现,舆情表达因此成为话语权的主要实现形式。协商民主发展过程中的基层协商,说到底是合法、合理、合情地实现话语权的问题,是多种舆情主体(表现为各类社会人群)能否"我口说我心"并对公共决策产生实质影响的问题。当然,协商内容、协商形式、协商过程、协商技术等其他要素并非不重要,但是,这些要素及其作用需要建立在保障话语权合法、合理、合情实现的基础之上。在社会基层,舆情表达方式常常以十分具体的协商民主方式出现,生动和鲜活,多样化、多层次舆情表达渠道是否畅通,话语权是否真的能够实现,是影响基层社会协商民主开展的涉及推动力量和主要的现实因素。

第三,舆情表达是人民政协履行汇集和转达社情民意工作责任的重要形态之一。作为爱国统一战线组织、中国共产党领导的多党合作和政治协商的重要机构,人民政协自成立之日起,就充分发挥聚合、沟通、表达和协调社会各阶层利益诉求的作用。可以说,人民政协又是我们国家制度性舆情表达机制建设和发挥作用的重要载体。

在协商民主实现过程中,人民政协是社会主义协商民主的重要渠道和专门机构,在推进社会主义协商民主中具有明显的优势,舆情表达也因此与政协工作密切联系起来。在人民政协工作中,不同委员构成的不同工作界别,为构建社会主义协商民主体系提供基础性的组织准备;政协组织和相关人员具有丰富的协商民主经验,担负着政治协商、民主监督、参政议政的主要工作职能,为包含着民众舆情表达在内的协商民主实践活动提供了制度性平台;政协组织和相关人员具有比较成熟的协商议事规则、比较完备的工作体系和工作机制,为协商民主广泛、多层、制度化建设提供了坚实的制度基础;政协组织还荟萃了各个方面的人才或精英,具有突出的智力优势。综合来看,人民政协在推动协商民主工作中组织起来的舆情表达具有广泛的代表性、巨大的包容性和快捷有效的直达性。与此相应的是,通过吸纳传导机制、咨询问政机制、利益表达机制、监督质询机制、协调平衡机制等,舆情表达机制建设和落实也给人民政协担负的几大职能落实提供了更多机会和有力支撑。

第四,网络协商民主是适应我国网络社会发展新要求的新内容和新形式。一方面,网络协商民主的出现和发展与网络社会的迅速发展密切相关,网络协商民主逐渐成为协商民主新的有机组成部分;另一方面,网络协商民主在网络社会中又是一个相对独立存在的工作系统。网络协商民主又是整个中国特色社会主义协商民主建设中的新形式、新样态。从其属性来看,这一新形式(包含了网络舆情的种种诉求表达、对话、讨论等)立足于中国社会主义民主政治发展之中,遵行国家相关法律法规以及道德要求,也是党的群众路线和人民民主在网络时代的具体体现。

第五,完善舆情合理表达机制有利于防范民粹主义。我国协商民主制度发展的关键,在于如何在民众言论表达的通畅性(强调公民话语权的合法保障)和有序性(强调合法依规与讲求自觉自律)之间建立平衡。解决问题的核心点在于,如何做到既推动民众广泛和合理地参与民主政治,又有效地防止民粹主义的发生,特别是保障公权力的合理有效施行。而问题的解决路径之一,则在于探索建立广泛、多层、制度化协商民主过程中的舆情表达机制,探索在舆情表达机制建设中重视对于社情民意的汇集分析和研判,并与决策机制之间建立直接联系通道和协调机制。这是机制设计的重中之重。舆情表达机制建设的需求不仅存在于基层中,也存在于实践协商民主的各个社会方面和社会层面。舆情表达机制可以作为党政决策及时了解舆情的一种工具,在更为宏观的方面,又可以成为协商民主建设中的一种工作保障。在整个社会范围内,由于舆情表达机制使民意的传达有了更为公开透明的渠道,并且确保了协商民主制度的实施,整个舆论氛围也会受到正常引导而向良性方向发展,从而避免民粹主义现象的产生和泛滥。

第六,运用好协商民主倡导的"商量"方法,重视、发现、疏导和引导舆情。从实践的角度看,重视、发现、疏导和引导舆情,其本身既是一项相对独立的工作,也是依靠协商民主加以切实解决好的工作。怎样才能发现、疏导和引导舆情,特别是怎样才能听到老百姓的声音和意愿? 习近平总书记指出:"要以人民群众利益为重、以人民群众期盼为念,真诚倾听群众呼声,真实反映群众愿望,真情关心群众疾苦。"通过协商民主,尤其是充分运用其中的"商量"方法,这对发现、疏导舆情问题具有十分重要的理论和实践意义。掌握好习近平总书记多次倡导的"商量"方法,又是重视、发现、疏导和引导舆情的一个"工作法宝"。

依靠"商量"这个好方法,重视、发现、疏导和解决舆情问题,就需要我们把习近平总书记在论述协商民主时经常提出并积极倡导的

"商量"方法真正落在实处,学习好,理解好,运用好,努力做到"多商量,好商量,会商量"。其中,努力学会"会商量"。这个"会"字,体现在发现、疏导和解决舆情问题时,与民众开展相互商量,既要讲究商量的方式方法,还要追求良好的商量结果。"会商量"应该是商量的方式方法与商量的良好结果之间的相互结合与统一,最后归结到不断提升应对和解决舆情问题的工作质量和水平上面。

在本研究课题完成并正式出版之际,我要真诚感谢中宣部舆情信息局,是他们对此项目研究意义的认可和具体支持,为我们开展相关研究工作和最终完成好课题提供了机会! 我们还要真诚感谢几位曾经帮助我们正式申请此特别委托项目,并提出过宝贵建议的知名专家学者,他们是:南开大学周恩来政府管理学院教授、博士生导师常健,上海社会科学院段钢研究员和张雪魁研究员,天津市政协研究室原主任张建,福建社会科学院精神文明研究所原所长曲鸿亮研究员(曲老师作为本课题研究顾问,在课题进行当中又给予了我们很多关心和具体指导)。感谢中国政治学会副会长包心鉴教授、南开大学原副校长朱光磊教授、南开大学周恩来政府管理学院杨龙教授、赵万里教授、程同顺教授等知名学者对这个研究项目的关心和悉心指导。还要感谢天津社会科学院关心和支持本课题研究工作的相关领导、舆情研究所内外一直为本课题研究付出辛苦劳动的同事们,感谢为本课题成功申请国家出版基金并努力做好出版工作的我院出版社的同事们,谢谢大家!

在理论与实践两个层面,开展舆情与协商民主相互关系的理论研究和实践探索,是坚持推行中国特色社会主义协商民主这一重大战略任务的一项具体并荣耀的工作。在这个过程中,坚定贯彻落实党对促进社会主义协商民主广泛、多层、制度化的要求和部署,特别

协商民主的具体发展:对全国多地探索基层协商民主工作主要案例的调研

是认真贯彻落实习近平总书记多次阐释的有关发展社会主义协商民主的重要思想,就需要我们在具体工作中进一步深入发掘,坚持在实践中不断学习,总结新的实践经验,形成新的理论创新认识,并努力把相关研究成果运用到实践之中。

国家社会科学基金特别委托项目"舆情表达机制建设与协商民主体系构建研究"(14@ZH032)首席专家,天津社会科学院舆情研究首席专家、研究员(二级)

王来华

目　录

前　言

在中外政治学界,民主理论与实践是重要的研究主题之一。关于民主的论争历来是政治学说史中重要的看点,许多政治学家多次论述过民主,许多政治学著作也涉及民主。不过,民主是一个从来没有统一界定,而且会随着时代的变化而变化的概念。从20世纪80年代开始,中国民主理论衍生出一系列新的概念,如多元主义民主、参与式民主、协商民主等。这些概念彼此交织、异同相杂,但基本都批评代议制民主制度中存在的精英垄断、政治冷漠、忽视少数人权益等问题,主张扩大民主的平等参与范围,提升民主质量。

在这些概念中,协商民主无疑属于知晓度和认可度相对较高的概念,这与治理和善治理念在全球范围内的广泛传播有关。换言之,治理、善治与协商民主在理念层面彼此契合,治理和善治理念的盛行,为协商民主提供了难得的发展契机,促使其在诸多的民主理论中脱颖而出。治理、善治、协商民主等理念出现的时间相近,而且都经历了一个从学术走向具体实施的过程。如果以它们正式进入实施的时间为序,协商民主较早,治理次之,善治较晚。从党的十八大到十八届四中全会,上述三个概念陆续成为中国现代化国家治理体系中的常用概念,协商民主被纳入国家治理体系和治理能力现代化的大框架当中，协商民主实践被视为国家治理现代化建设的具体过程和体现。协商民主已然成为中国哲学社会科学研究中的"显学"。

作为一种实践，协商民主早已存在于中国的政治架构当中，并且发挥着极其重要的作用。从中华人民共和国成立时的协商建国，到中国共产党领导的多党合作和政治协商制度，民主协商长期作为党领导统一战线和群众工作的重要实现形式而发挥作用。1987年，党的十三大提出"建立社会协商对话制度"更是掀起了一股研究热潮。作为一种制度，协商长期且广泛应用于政党、政府、政协等各个层面。

作为基层治理的重要内容，基层协商被赋予了较高的改革期望。在国家治理结构和治理体系中，基层治理既是整体性转型发展的基础，也是研究国家发展路径的一个重要切入点。[①] 协商民主和选举民主齐头并进是我国民主化道路的特色之一，我国的民主化进程应该走治理驱动道路，即通过民主治理解决老百姓切身利益问题，不断完善法治和制度化体系建设，不断积累民主的量。[②] 与人大协商、政府协商、政协协商等相比，基层协商受现有政治框架的约束较少，各地能够较多地发挥主观能动性，因地制宜、因时制宜、因事制宜、因人制宜，推进地方创新。目前，基层协商已经成为我国七种协商渠道当中颇受期待、颇有活力、颇具国际知名度的类型。

本书的撰写立足国内学术界已有研究成果。近些年来，我国的基层协商研究明显加强了对本土基层协商的探讨。国内学术界对本土基层协商的研究大多基于三种路径：一是从规范层面对基层协商的内涵、外延、类型、意义、不足及对策进行研究；二是从个案层面对

---

① 陈家刚：《基层治理：转型发展的逻辑与路径》，《学习与探索》2015年第2期。
② 孙静文：《基层协商民主的改革期望与现实不足》，《改革与开放》2017年第20期。

温岭、彭州等地方的实践进行研究;三是从技术层面对基层协商的规则和程序进行研究。本书是在对多地基层协商实践进行实地调研和文献整理的基础上,对基层协商进行分析。

本书侧重从民众话语权和舆情表达角度,对基层协商民主进行梳理和思考。基层协商在地方实践中的积极作用早已显现,它有利于化解基层社会矛盾、维护社会团结稳定;实现利益整合,防止利益诉求过度碎片化;促进公共决策的透明化、科学化、合理化,减少决策执行过程中的障碍;改善党群、干群关系,提高地方政府和"村居两委"的公信力;培育基层群众的共同体意识和公共理性,锻炼其政治参与和协商能力;构建平等包容、有序有效的政治文化等。基层协商是多元主体话语权实现和舆情表达的过程,通过基层协商,包括边缘群体在内的各类主体,能够获得平等的参与机会,从而自由表达出自己的意见、建议和利益诉求。基于此种认识,本书从民众话语权和舆情表达的角度,梳理和思考基层协商民主。

本书在观察和分析基层协商民主时,始终将其视为国家治理体系和治理能力现代化的重要组成部分。20 世纪 90 年代中期以来,大量"单位人"变身"社会人",大量农村人口进入城市,互联网迅速发展,西方价值观念大量涌入,人口流动的规模加大、速度加快。原本流动性较弱、同质性较强的中国社会向流动性较强、异质性较强转变,这种变化带来了社会治理成本和难度增大、群体性事件增多等诸多社会问题,迫切需要与之相适应的新的社会治理体系。国家治理体系和治理能力现代化正是在此背景下的积极探索。社会治理是国家治理的重要组成部分,社会治理的重心下移,需要更多地依靠城乡社区各方面的力量,这就对基层协商民主提出了更高的期待和要求。基层协商民主在治理现代化进程中扮演着极其重要的角色,是不可或缺的重要内容。

　　本书包括七部分内容。引论部分重点分析基层协商及其与民众话语权、舆情表达的关系。第一章将基层协商放在我国现代化进程的大背景下进行思考，分析基层协商的产生背景、发展脉络、典型做法、基本特点。第二章侧重分析基层协商中的舆情表达主体，包括作为主要参加者的本地居民以及外来人员、企业、人民团体、社会组织、专家学者和大众媒体。第三章侧重分析基层协商中的舆情表达内容，主要包括涉及地方整体利益的重大事项、涉及群众切身利益的实际问题、部分群体诉求和个体诉求、常规事务性事项。第四章侧重分析基层协商中的舆情表达机制和舆情表达平台，主要包括代表会议制度、民主恳谈会、城乡社区及其网络论坛以及综合性舆情表达平台。第五章侧重分析基层协商中的舆情表达和舆情关系问题，主要包括舆情表达主体事实上的不平等、舆情无序表达、舆情无效表达、基层协商与公共决策脱节以及基层协商中的舆情关系问题。第六章侧重分析基层协商中的舆情表达机制创新，主要包括提高地方党委、政府的重视程度，加强舆情表达机制建设，发挥专家学者、大众传媒及地方智库的积极促进作用以及构建平等包容、有序有效的政治参与文化。

引论　基层协商及其与舆情表达的关系

　　党的十八大以来,国内学术界对于什么是协商民主、什么是基层协商逐渐形成了统一的理解,并且从不同路径和角度对基层协商民主开展研究。本书是从舆情表达的角度对基层协商民主工作主要案例进行归纳,对基层协商民主实践进行重新阐释。导论部分将重点阐明什么是协商民主;基层协商的复杂性和特殊性;基层协商实践与话语权、舆情表达之间的关系。

一、什么是协商民主

　　社会主义协商民主是在中国共产党领导下,人民内部各方面围绕改革发展稳定重大问题和涉及群众切身利益的实际问题,在决策之前和决策实施之中开展广泛协商,形成共识的重要民主形式。

　　2006年《中共中央关于加强人民政协工作的意见(摘要)》颁布,将协商与选举并列为社会主义民主的两种重要形式。2012年11月,"协商民主"一词出现在党的十八大报告中。在十八大报告的第五部分,即"坚持走中国特色社会主义政治发展道路和推进政治体制改革"中,出现了"健全社会主义协商民主制度"的条目,提出"社会主义协商民主是我国人民民主的重要形式",要"推进协商民主广泛、多层、制度化发展"，要"积极开展基层民主协商"。由此，"协商民主"开始正式进入我国的民主政治体制，社会主义协商民主被确认为人民民主的重要形式。

2013 年 11 月，"协商民主"出现在党的十八届三中全会《中共中央关于全面深化改革若干重大问题的决定》（以下简称《决定》）中。在《决定》的第八部分，即"加强社会主义民主政治制度建设"中，出现了"推进协商民主广泛多层制度化发展"的条目，提出"协商民主是我国社会主义民主政治的特有形式和独特优势，是党的群众路线在政治领域的重要体现"，要"深入开展立法协商、行政协商、民主协商、参政协商、社会协商"。在"发展基层民主"的条目中，还提出要"开展形式多样的基层民主协商，推进基层协商制度化"，"健全以职工代表大会为基本形式的企事业单位民主管理制度"。与十八大报告相比，《决定》中的相关论述更加具体，并从社会主义民主政治和党的群众路线的高度对协商民主加以肯定。

2015 年初，中共中央印发了《关于加强社会主义协商民主建设的意见》（以下简称《意见》）。《意见》分为九部分二十七个条目，提出"协商民主是在中国共产党领导下，人民内部各方面围绕改革发展稳定重大问题和涉及群众切身利益的实际问题，在决策之前和决策实施之中开展广泛协商，努力形成共识的重要民主形式"，是"深化政治体制改革的重要内容"。《意见》还提出"继续重点加强政党协商、政府协商、政协协商，积极开展人大协商、人民团体协商、基层协商，逐步探索社会组织协商"，"推进乡镇、街道的协商"，"推进行政村、社区的协商"，"推进企事业单位的协商"。《意见》是专门阐述协商民主的权威文件，从社会主义民主政治、党的群众路线、深化政治体制改革三方面进一步明确了协商民主的地位和范畴。

党的十八大报告、《中共中央关于全面深化改革若干重大问题的决定》《关于加强社会主义协商民主建设的意见》构成了迄今为止关于"协商民主"的最重要的三大纲领性文件。此后,2015 年 6 月,中共中央办公厅印发了《关于加强人民政协协商民主建设的实施意见》;7 月,中共中央办公厅、国务院办公厅印发了《关于加强城乡社区协商的意见》;12 月,中共中央办公厅印发了《关于加强政党协商的实施意见》。这些文件分别就政协协商、基层协商中的城乡社区协商、政党协商的内容、形式、程序、保障等提出了实施意见,要求各地区各部门结合实际认真贯彻执行。三大纲领性文件与三份针对不同协商渠道的文件陆续发布,标志着协商民主正式纳入我国社会主义民主政治体系,意味着"社会主义协商民主"理论体系和制度建设正在完善。

其一,社会主义协商民主的定义。社会主义协商民主是在中国共产党领导下,人民内部各方面围绕改革发展稳定重大问题和涉及群众切身利益的实际问题,在决策之前和决策实施之中开展广泛协商,努力形成共识的重要民主形式。

其二,社会主义协商民主的定位。一是中国社会主义民主政治的特有形式和独特优势;二是党的群众路线在政治领域的重要体现;三是深化政治体制改革的重要内容。

其三,社会主义协商民主的现实背景。一是改革开放进程中利益格局深刻调整;二是社会新旧矛盾相互交织;三是市场经济条件下思想观念多元化;四是世界范围内不同政治发展道路竞争博弈。

其四,社会主义协商民主的重要意义。一是扩大公民有序政治参与,更好地实现人民当家作主的权利;二是促进科学民主决策,推进国家治理体系和治理能力现代化;三是化解矛盾冲突,促进社会和谐稳定;四是保持党同人民群众的血肉联系,巩固和扩大党的执政基础；五是发挥我国政治制度优势，增强中国特色社会主义道路自信、理论自信、制度自信、文化自信。

其五，社会主义协商民主的基本原则。一是坚持党的领导、人民当家作主、依法治国有机统一，贯彻民主集中制，坚定不移地走中国特色社会主义政治发展道路；二是围绕中心、服务大局；三是依法有序、积极稳妥；四是协商于决策之前和决策实施之中；五是广泛参与、多元多层；六是求同存异、理性包容。

其六，社会主义协商民主的七种渠道。一是继续加强政党协商；二是积极开展人大协商；三是扎实推进政府协商；四是进一步完善政协协商；五是认真做好人民团体协商；六是稳步推进基层协商；七是探索开展社会组织协商。

本书理解和使用的"协商民主"概念完全在"社会主义协商民主"的理论框架内，与我国现行的协商民主制度概念一致。需要注意以下几点。

其一，党的十八大之前，中文学术语境中的"协商民主"很多情况下专指基层协商和部分政府协商，在是否包括政党协商、人大协商、政协协商等其他协商形式的问题上存在争论。党的十八大之后，这类争论越来越少，目前中文学术语境中的"协商民主"与我国现行制度中的"协商民主"的区别少了很多，大家在使用此概念时一般不会有太大出入。

其二，要从完整决策的角度进行分析，全面准确理解"协商民主"，而不能将其简化为达成共识的过程。协商民主当然要以达成共识为直接目标，防止议而不决，但协商过程不能到决策为止。完整的协商民主应该在设定议题、确定主体、开展协商、达成共识之后，紧跟有效的信息反馈环节。这个过程既要将决策的执行情况真实全面地反馈给协商参与者,也要将执行过程中出现的新情况、新问题及时反映出来,以便更好地服务于下一轮协商。在目前的协商实践中,反馈环节是最容易被忽视的,但该环节的重要性却毋庸置疑,它不仅是完整决策的必要环节,而且还是增强参与者信心、提高协商质量的有效手段。

其三,全面准确理解"协商民主",要将其放在中国的宏观政治体系内进行整体把握。要从人民代表大会制度、中国共产党领导的多党合作和政治协商制度、民族区域自治制度的制度设计层面,从中央和地方的政治架构和政治运行层面,从整体和局部的政治文化层面,从网络和现实的舆论场层面综合分析。中国的协商民主离不开中国的政治体系,协商民主能取得什么样的实际效果,达到什么样的高度,都深受现有政治体系的影响。

其四,全面准确理解"协商民主",要从国家治理体系和治理能力现代化的高度进行观察。党的十八届三中全会明确了全面深化改革的总目标是"完善和发展中国特色社会主义制度,推进国家治理体系和治理能力现代化"。2019 年 10 月,党的十九届四中全会审议通过了《中共中央关于坚持和完善中国特色社会主义制度　推进国家治理体系和治理能力现代化若干重大问题的决定》。治理现代化是一项关于政治、经济、文化、社会、生态文明建设的系统工程,民主化与法治化构成其核心要素。选举民主和协商民主是中国社会主义民主的两种重要形式,其中协商民主是社会主义民主政治的特有形式和独特优势。国家治理体系和治理能力现代化离不开社会主义协商民主广泛、多层、制度化发展,社会主义协商民主建设是治理现代化的重要组成部分。

二、基层协商的复杂性与特殊性

根据 2015 年中共中央印发的《关于加强社会主义协商民主建设的意见》,基层协商是与政党协商、政府协商、政协协商等并列的七种协商渠道之一,具体包含三个方面的内容。

其一,乡镇、街道的协商。乡镇、街道的协商的主要任务是围绕本地城乡规划、工程项目、征地拆迁以及群众反映强烈的民生问题等,组织有关方面开展协商。乡镇、街道对辖区内行政村、社区的协商活动负有指导责任,为城乡居民开展协商活动提供必要条件和资金。涉及两个以上行政村、社区的重要事项,单靠某一行政村、社区无法开展协商时,乡镇、街道乃至县(市、区、旗)党委(党工委)根据需要牵头组织开展协商。跨行政村、社区的协商程序,乡镇、街道乃至县(市、区、旗)党委(党工委)负责研究确定。

其二,行政村、社区的协商。行政村、社区的党组织要在基层协商中起到领导核心作用,加强对协商工作的领导。坚持村(居)会议、村(居)民代表会议制度,积极探索议事会、理事会、恳谈会等形式,开辟社情民意网络征集渠道。一般程序是提出协商议题、确定参与主体、通报协商内容、组织开展协商、形成协商意见、实施协商成果、反馈落实情况等。及时做好对持不同意见群众的解释说明工作。

其三,企事业单位的协商。健全以职工代表大会为基本形式的企事业单位民主管理制度。积极推动由工会代表职工与企业就调整和规范劳动关系等重要事项进行集体协商。逐步完善以劳动行政部门、工会组织、企业组织为代表的劳动关系三方协商机制。畅通职工表达合理诉求的渠道,健全各层级职工沟通协商机制。

上述三个方面仅是粗线条划分,实践中的基层协商要复杂一些。

其一,基层协商的复杂性表现为具体协商形式的多种多样。目前比较常见的协商形式包括议事会、理事会、恳谈会、决策听证、民主评议、风险评估、议政日、居民说事、矛盾化解工作室、社区论坛、新闻直播间等。这些形式之间还没有严格的区分,有些甚至多有交叉,或者虽然名称各异,但内容颇为相似。

其二,基层协商的复杂性表现为协商层级的差异与重叠。如前所述,规范意义上的基层协商主要发生在三个方面,即乡镇和街道、行政村和社区、企事业单位。现实中这三个方面的界限却非常模糊,乡镇和街道的协商往往需要下沉到行政村和社区当中,行政村和社区的协商反过来需要乡镇和街道自上而下的指导支持,两个层级之间基本是分不开的。现实中的基层协商实践,通常是由区县一级的党和政府大力推动的。当然,具体的协商过程会在某一层级、某些地方、某些领域先行展开。

其三,基层协商的复杂性表现为具体环境的大相径庭。党的十八大以来,基层协商带有全国性,包括北京、上海等一线城市,浙江、广东等东部沿海省份,湖北、湖南等中部省份,新疆、西藏等自治区在内,各地都在推进基层协商民主建设。各地经济社会发展水平、产业和人口结构、风俗习惯等构成了基层协商的具体环境,这些具体环境之间差异明显,客观上要求基层协商适时调整、因地制宜。

其四,基层协商的复杂性表现为多种协商渠道的彼此交叉。基层协商既是与人大协商、政府协商、政协协商等并列的协商渠道,又与其他协商渠道存在一定程度的交叉。如人大代表、政协委员深入基层参与协商、视察、调研,积极反映社情民意,一方面有助于更好履职,另一方面也助推了基层协商。涉及群众切身利益的大量决策和工作主要发生在基层,基层是多种协商渠道的交汇点,基层协商与多种协商渠道存在着密切关联。

与其他协商渠道相比,基层协商具有某些特殊性。

其一,这种特殊性表现为参与主体更加具体。政党协商、人大协商、政协协商等其他协商渠道的参与主体往往并不仅仅代表自己,而是代表不同政党、不同地方、不同界别的意见和诉求,代表者与被代表者之间常常素不相识且很难直接交流。参与主体表面上是个人参与协商,实际上反映着若干群体的集体意志,只不过集体意志需要通过具体的个人表达出来。参与者在表达意见之前,先要考虑自己的发言能不能真实准确地反映集体意志。其他参与者通常不会将其意见看作个人意见,而是将其视为集体立场。基层协商有时候也会实行代表制,但在多数情况下,基层协商的参与者仅仅代表自己或者家庭、家族,代表者与被代表者之间非常熟悉且经常直接交流。基层协商的参与主体非常具体,他们的发言也仅仅代表个人或基于血缘关系的家庭和家族,而无法代表其他人。

其二,基层协商的特殊性还表现为制度设计需要创新。在中国的政治逻辑中,协商民主必须要在制度平台上产生具有法律效应的成果,否则运行的可能仅仅是协商,而不是协商民主。[1] 政党协商、人大协商、政协协商等协商渠道均依托现有政治制度,如人民代表大会制度、中国共产党领导的多党合作和政治协商制度等。这些制度经过多年发展已经健全,能够为政党协商、人大协商、政协协商提供有力的制度保证和有效的实现途径,并将其纳入现有制度框架。与之相比,基层协商还缺乏有效的制度依托,现有的制度尚无法从整体上满足基层协商的现实需要,需要更多的制度创新。

---

[1] 林尚立、赵宇峰:《中国协商民主的逻辑》,上海人民出版社2015年版,第72页。

其三,基层协商的特殊性还表现为协商的内容琐碎、繁杂。根据2015年初中共中央印发的《关于加强社会主义协商民主建设的意见》,协商民主的内容包括改革发展稳定重大问题和涉及群众切身利益的实际问题两大方面。这两大方面是统一的,例如,中央层面考虑的改革发展稳定的重大问题,体现在基层往往就是涉及群众切身利益的实际问题;反之,涉及群众切身利益的实际问题,通常也就是影响改革发展稳定的重大问题。基层协商面对乡镇、街道、行政村、社区、企事业单位层面的问题,这些问题既有结构性的,也有局部性的,但体现在协商内容上都很具体,甚至琐碎。同时,基层协商面对的问题又十分宽泛,涉及城乡规划、工程项目、征地拆迁、民生建设、矛盾纠纷、工资待遇等各个方面,体现在协商内容上就显得十分繁杂。

探讨基层协商的复杂性和特殊性并不是要把它从社会主义协商民主的大框架内独立出来。社会主义协商民主已经形成了完整的逻辑框架,尽管有些协商渠道推进得快一些,有些慢一些,但七种协商渠道是密切联系在一起的整体,单独强调一种而忽视其他都不是完整的社会主义协商民主。探讨基层协商的复杂性和特殊性,有助于更客观地看待基层协商的成绩和不足,更好地厘清基层协商与其他协商渠道的异同。

三、什么是话语权

西方马克思主义学派、后现代主义学派等对话语权均有不同认识,形成了各自的话语权观。

一是以葛兰西为代表的西方马克思主义学派话语权观。早在20世纪二三十年代,意大利马克思主义理论家葛兰西的文化领导权理论就涉及了话语权问题。葛兰西重新区分了市民社会与政治社会,并将市民社会视为与政治领域并列的伦理文化和意识形态领域。葛兰西认为，资产阶级在取得政权之后非常重视引导、操纵伦理文化和意识形态，西方国家已经进入了市民社会与政治社会的平衡阶段。他以类比的方法来说明西方国家政权与市民社会之间的关系，"假使国家开始动摇，市民社会这个坚固的结构立即出面。国家只是前进的战壕，在它后面有工事和地堡坚固的链条"①，所以西方革命的核心是争夺伦理文化和意识形态领导权。基于此种认识，葛兰西主张西方国家的无产阶级应当首先争夺伦理文化和意识形态领导权，然后再寻找恰当时机掌握国家政权。

尽管各界对葛兰西文化领导权理论的评价分歧较大，但多数研究者承认，其丰富了话语权理论。一方面，文化领导权理论产生于特殊历史时期，不可避免地带有阶级斗争的痕迹；另一方面，文化领导权却没有明显的暴力或强制性的意味。葛兰西认为，统治方式既包括直接的强制性的统治，也包括基于自愿和同意的统治。文化领导权有别于传统意义上的直接的强制性的统治，而是指被统治阶级出于自愿接受一系列法律制度和世界观，服从统治阶级在伦理文化和意识形态上的领导。从系统论的角度分析，葛兰西所理解的文化领导权是一种更具柔性且十分有效的复杂系统，它建立在民众一定程度的知晓并且认可的基础之上。而正是民众的知晓和认可，保障了统治阶级在伦理文化和意识形态上的领导权，维护了系统的正常运转。

继葛兰西之后，法国马克思主义哲学家阿尔都塞、德国法兰克福学派主要代表人物哈贝马斯等也分别阐述了自己的话语权观。西方

---

① ［意］安东尼奥·葛兰西著，葆煦译：《狱中札记》，人民出版社1983年版，第180页。

马克思主义学派对资本主义的意识形态多持批评态度,这些观点与态度对中国马克思主义意识形态中的话语权研究影响较大。

二是以福柯为代表的后现代主义学派话语权观。话语几乎是贯穿福柯思想的一个关键概念,但对福柯而言,话语的含义并非固定不变,而是随着研究内容和研究方法的变化而变化,在不同时期和不同著述中有着不同的指向。福柯认为:"'话语'意味着一个社会团体依据某些成规将其意义传播于社会之中,以此确立其社会地位,并为其他团体所认识的过程。"①同时,话语是根据一定的程序被控制、选择、组织和再分配的,应将其放置在复杂的社会网络中进行分析。

福柯的话语权观与其权力观紧密联系在一起,他认为话语与权力如影随形并逐渐结合,话语既是权力的产物,同时又产生权力。话语与权力之间还存在一种张力:话语既有服务权力的一面,也有抗拒权力的一面。需要注意的是,福柯所理解的权力比政治权力更加宽泛,实际上,他认为权力无处不在,已经渗透社会生活的各个领域和每个环节。福柯认为,规训机制在 17 世纪和 18 世纪逐渐扩展,形成了所谓的规训社会,权力的规训方式"渗透到其他方式中,有时是破坏了后者,但它成为后者之间的中介,把它们联系起来,扩展了它们,尤其是使权力的效应能够抵达最细小、最偏僻的因素。它确保了权力关系细致入微的散布"②。基于自己的权力观,他认为话语不是一种思想和静止的结构,而是一种实践的权力,强大到能够渗透进人的思想并对其施加精密控制。

除福柯以外,布尔迪厄、贝克等著名社会学家也分别阐述了自己

---

① 王治河:《福柯》,湖南教育出版社 1999 年版,第 159 页。
② [法]米歇尔·福柯著,刘北成、杨远婴译:《规训与惩罚:监狱的诞生》,生活·读书·新知三联书店 2003 年版,第 242 页。

的话语权观。相对于西方马克思主义学派而言,他们更加关注个体的、碎片化的话语权以及多元、平等、差异性的话语空间,他们对当前中国学术界的话语权研究产生了较大影响。

国内学术界常常在四种语境中使用话语权概念。

一是针对马克思主义意识形态进行话语权分析。此语境中的话语权研究集中在马克思主义理论、政治学等学科领域,深受文化领导权理论影响。多数研究者认为,牢牢掌握意识形态工作领导权和主导权,既有助于壮大主流思想舆论,扎实推进社会主义文化强国建设,又有助于加强和改善党的领导,维护社会的安定有序。

二是针对某些阶层或群体进行话语权分析。此语境中的话语权研究集中在政治学、管理学、教育学等学科领域,比较关注弱势群体。世纪之交以来,农民和农民工一直是这类研究关注的重点。近年来,关于知识分子、教师与学生、医护与病患的话语权研究呈增长态势。

三是针对某些公共事务进行话语权分析。此语境中的话语权研究集中在管理学、政治学等学科领域,较多借鉴治理及相关理论。政府与民众之间的关系一直是这类研究的重点,多数研究者主张政府管理与基层民主有机结合,逐步扩大民众有序政治参与。

四是结合互联网尤其是博客、微博等社交平台进行话语权分析。此语境中的话语权研究集中在新闻传播学、政治学等学科领域,是四类研究中发展最为迅猛的一类。网络空间中的话语现状及制度化建设一直是这类研究的重点,多数研究者认为网络空间中的话语现状是现实社会的反映和延伸,需要客观看待并合理引导网民的参与热情,使其逐步走向制度化。

上述分类并非绝对,很多研究成果都是在多重语境中使用话语权概念。除了上述四类,还有研究者在其他语境中使用话语权概念,如国际话语权、大众传媒的话语权、学术期刊的话语权、民间文学以及少数民族文学的话语权等。话语权是一个外延十分宽泛的概念，要想减少歧义，就必须从某种意涵出发，对其加以限定。

所谓民众话语权，是指民众在充分了解相关信息的基础上自愿参与公共事务治理，理性表达，合理监督，对公共决策产生实质影响并获得及时反馈的一项基本权利。民众话语权的主体是民众个体以及由个体组成的各类阶层、团体和群体，如农民、农民工、市民、教师、学生、企业职工、社团成员以及各种形式的网民群体。民众话语权的客体至少包括三个方面：一是在充分了解相关信息的基础上自愿参与公共事务治理，理性表达，合理监督的权利；二是对公共决策产生实质影响的权利；三是获得及时反馈的权利。核心问题是权力与权利之间的关系，集中体现为政府与民众之间的关系。民众话语权既存在于现实社会，也存在于网络空间。

需要注意的是，民众话语权不是独立概念，而是从现代政治意涵角度对话语权的限定和阐释。一是将其限定在国内，排除了国际话语权因素；二是限定在行政和管理领域，排除了阶级统治和意识形态因素；三是限定在民众的权利层面，排除了文学、期刊等的话语权因素。所以，民众话语权主要对应前文第二至四类语境中的话语权研究。

四、基层协商实践与话语权

成功的基层协商实践至少包含两个核心要素，即较为普遍的民众话语权实现和运转良好的偏好转换。具体到中国的政治生态当中，民众话语权与基层协商实践之间的关系可以从三个方面进行把握。

其一，无论何种形式的基层协商实践都必须以一定程度的民众话语权实现为前提。协商民主首先意味着扩大民众有序政治参与，而政治参与的核心就是民众话语权问题。可以认为，缺失了民众话语权的政治参与必然流于形式，也产生不了真正意义上的基层协商实践。民众话语权的实现程度决定了政治参与的广度和深度，深刻影响着基层协商实践的成功与否和最终效果。基层协商实践必须以一定程度的民众话语权的实现为前提，这是将民众话语权视为基层协商实践逻辑起点的主要原因。

其二，民众话语权的实现方法可以多种多样。民众话语权的实现没有固定模式。有些主要发生于现实社会，有些主要发生于网络空间；有些较多借助公权力，有些较少借助公权力；有些通过社会精英实现，有些则以普通民众直接参与为主。很难找到两种完全一样的实现方法。即使同一种协商民主具体实践形式，发生在不同地方、不同时间段、不同案例当中，也会在民众话语权实现方面表现出某种程度的差别。

以四川遂宁等地的重大事项社会稳定风险评估①为例。社会稳定风险评估的民众话语权实现主要发生于现实社会，较多借助公权力，以普通民众直接参与为主。2005年初，遂宁出台《遂宁市重大工程建设项目稳定风险预测评估制度》，标志着社会稳定风险评估机制的正式产生。2005年至2015年，社会稳定风险评估由地级市到省再到中办发文，直至进入党的十八大报告和十八届三中全会《中共中央关于全面深化改革若干重大问题的决定》、十八届四中全会《中共中

---

① 相关资料主要来自天津社会科学院"舆情表达与协商民主地方实践"调研小组于2014年4月在四川遂宁的实地调查。

央关于全面推进依法治国若干重大问题的决定》,经历了一个自下而上的发展过程。如今,全国各地基本建立了社会稳定风险评估或类似的机制、机构。

各地社会稳定风险评估中的民众话语权实现方法不尽相同。例如,东部沿海经济发达地区已经越来越多地通过第三方机构进行独立调查,搜集反映民众的利益诉求,而包括遂宁在内的许多地方受制于经济发展等条件限制,尚无法借助第三方机构的力量,某些时候只能邀请部分专家学者提供咨询意见。即使同一个地方,民众话语权的实现方法在不同时间段和不同案例当中也会有所不同。例如,遂宁会根据具体情况综合运用不同的风险评估方法,有时通过入户走访和问卷调查较全面地了解民众基本态度,有时邀请民众代表在座谈会和听证会中发表意见,有时则会从公检法和信访等部门所掌握的线索入手来了解民众的主张。

社会稳定风险评估仅是协商民主的一种具体实践形式,实际上,其他基层协商实践中的话语权实现方法也是多种多样的。究其原因,这既是基层协商实践尚处于起步阶段,还未形成完整有效机制的一种表现,又与各地在经济发展和经济结构、户籍人口和常住人口构成、政治生态、地方政府重视程度和策略选择等方面的差异有关。随着协商民主的广泛多层面制度化发展,民众话语权的实现方法将逐步走向制度化、规范化、程序化。与此同时,各地也会陆续出现更加多样的基层协商实践以及与之相适应的民众话语权实现方法。只要这些方法符合民众利益诉求和地方工作实际,就能够为基层协商实践奠定良好基础。

其三,民众话语权的实现并不必然意味着基层协商实践。基层协商实践必须以一定程度的民众话语权实现为前提,但后者却不是前者的充分条件。近年来涌现的许多地方政府创新案例尽管建立在民众话语权基础之上,但并非严格意义上的基层协商实践。

以济南市 12345 市民服务热线①为例。该热线是在原市长公开电话基础上,通过整合城管、市政、环保、工商等 38 条政务类公共服务热线,于 2008 年 9 月正式开通的多功能公共服务热线。截至 2014 年底,12345 市民服务热线日均受理市民电话 8000 多个,日均通话时长 436 小时,日均受理市长(省长)信箱 41 件、短信 73 条、微博 39 条、微信 54 条。市民诉求涵盖咨询、求助、建议、投诉四大类,依次占比 51%、39% 、9% 、1%。热线还通过对民众诉求进行分类整理、综合研判,以"呈报件"等形式服务政府决策。自开通以来,12345 市民服务热线促使政府管理模式由"管制型""审批型"政府向现代"服务型"政府转变,激发了民众参与社会管理的积极性,扩大了决策监督的民意基础。在此意义上,12345 市民服务热线既是借助先进技术平台开展的地方政府社会管理创新,也属于典型的民众话语权实现的过程。

不过,12345 市民服务热线在整体上并不包含基层协商实践的另一个核心要素——偏好转换。协商民主不仅要求民众自由、平等地发表意见,而且要在充分了解他人观点的基础上,通过公开讨论和理性比较实现偏好转换。与其他民主形式相比,协商民主更加注重偏好转换而非利益聚合。这有助于克服多数决原则的种种弊端,最终实现公共利益的一致表达。事实上,偏好转换是协商民主区别于其他民主形式的重要特征,也是判断地方政府创新案例是否属于基层协商实践的一个突出标识。12345 市民服务热线为政府和民众提供

① 相关资料主要来自天津社会科学院"舆情表达机制建设与协商民主体系构建"调研小组于 2015 年 1 月在济南的实地调查。

了信息沟通平台,但绝大多数交流发生于政府与民众、部门与民众、部门与部门之间,民众与民众之间的交流较少。同时,热线关注的内容虽然丰富但却分散,持续性不强,热线本身也无法为民众提供有效的公共讨论空间。这些因素决定了12345市民服务热线在整体上不包含偏好转换过程,因而不属于严格意义上的基层协商实践。

12345市民服务热线包含协商民主因素。例如,济南市政协与12345市民服务热线合作,于2013年创设"12345政协提案线索直通车",以界别为单位组织政协委员现场接听电话,有效加强了政协委员与市民之间的联络。"12345政协提案线索直通车"成为济南市政协推进协商民主广泛多层制度化发展的一个重要创新。尽管12345市民服务热线不是严格意义上的基层协商实践,但却包含协商民主因素,属于宽泛意义上的协商民主相关实践。

类似12345市民服务热线的地方政府创新案例还有很多,如辽宁的民心网、山东济宁的"马上就办办公室"、浙江庆元县的异地便民服务中心等。在深化行政体制改革的大背景下,这些案例的一大主旨就是要推进政务公开和社会治理,扩大民众有序政治参与。许多地方政府创新虽是落实民众话语权的过程,却不能据此将其完全归入基层协商实践范畴,任意扩大协商民主外延。只有同时具备民众话语权实现和偏好转换两个核心要素,才能称得上是基层协商实践。所以,民众话语权实现并不必然意味着基层协商实践,而只是其必要条件之一。

五、舆情表达视野中的基层协商

基层协商说到底是话语权的问题,是多中心主体能否"我口说我心"并且对公共决策产生实质影响的问题。当然,协商内容、协商形式、协商过程、协商技术等其他要素并非不重要,但是这些因素都需要建立在一定程度的话语权实现的基础之上才能实现,否则很可能沦为技术层面的小修小补,于基层协商整体而言并无大的帮助。重视话语权的权利实现,能够促进话语权理论与基层协商相结合,丰富基层协商的研究视角,还能为基层协商打下坚实基础,为基层协商指明正确方向。因而,分析基层协商中的话语权问题有其重要的理论和现实意义。

本书以话语权为基础和主轴,以话语权的主要实现形式——舆情表达为叙事主线,对基层协商的理论和实务进行重新审视。舆情是一个历史悠久的词汇,按照现在的一般理解,舆情就是民众的社会政治态度,舆情表达就是民众表达自己社会政治态度的行为和过程。话语权与舆情表达是一对相关的概念,话语权需要舆情表达来具体实现,舆情表达是话语权的主要实现形式。在舆情表达的视野中观察分析基层协商,与分析基层协商中的话语权问题是一致的。

本书包括基层协商中的舆情表达主体、舆情表达内容、舆情表达机制和舆情表达平台、舆情表达和舆情关系问题、舆情表达机制创新等内容。基层协商中的舆情表达主体解决什么人参与基层协商的问题。基层协商中的舆情表达内容解决基层协商什么的问题。基层协商中的舆情表达的机制和平台解决采取什么协商形式的问题。基层协商中的舆情表达和舆情关系问题指出协商遇到什么困难。基层协商中的舆情表达机制创新提出如何解决困难。前三个部分侧重分析基层协商的基础性要素,即主体、内容、平台和机制,后两部分侧重分析基层协商遇到的问题及其对策、建议。

第一章 现代化进程中的基层协商

基层协商是在我国现代化快速推进的历史大背景下产生和发展的,必须将其放置在这个历史大背景下进行研究,只有这样,才能全面准确地把握基层协商。一方面,我国的现代化进程为基层协商提供了产生和发展的土壤;另一方面,基层协商也是国家治理体系和治理能力现代化建设的重要内容,将对我国的现代化进程产生重要促进作用。本章结合数个典型案例,对基层协商的产生背景、发展脉络、典型做法、基本特点进行梳理和分析。

第一节 基层协商的产生背景

分析基层协商的产生背景,必须将其放置在我国现代化进程中进行综合考虑。包括基层协商在内的协商民主在我国的全面兴起是时代发展的必然结果,基层协商的直接动力是地方党委政府的制度创新需要。

一、协商民主在中国全面兴起是时代发展的必然

从历史脉络看，协商民主的全面兴起有其必然性。在中国的悠久历史中，协商始终是处理问题、达成共识的基本手段之一，当然，这里的协商大致等同于商量、商议、商榷，不同于现代意义上的协商民主概念。国家政治层面的协商主要通过廷议、集议等方式进行，这类协商一般关乎国家大事，协商的过程也是共享信息、统一意见、消除误判、减少政策实施阻力的过程。不论是大一统时期还是分裂割据时期，政权力量都无法完全深入到社会末梢，基层社会得以保持一定的自我管理。宗族元老、举人秀才、回乡官僚等乡绅阶层在乡村中扮演着重要角色，祖庙议事、乡校议政、田头说事是主要形式。在国家政权与基层社会之间，协商和舆情表达的渠道并不鲜见，采风乐府、乡议选士、路鼓肺石等都曾起到下情上通和上情下达的作用。国家政权层面的协商、乡村层面的协商、国家政权与基层社会之间的协商，在历史中曾存在很长时间，尤其是乡村层面的协商，是中国传统社会的典型特征之一。

近代中国发生的深刻变革，其中一个重要方面是国家政权力量向基层社会的扩展与渗透，乡村的资源和人力被动员起来，服务于国家的整体战略。这一过程既是由传统社会向现代社会转型的过渡阶段，又是中国社会面对独立、革命、建设等历史重任时的必然选择。改革开放以后，社会领域的发展对协商产生巨大需求，这与利益主体多元化、利益格局深刻变革、利益诉求多样化、普通民众的权益意识增强等背景有关。在此背景下，协商民主的全面兴起就是一种必然，当然，这里的协商已经不是一种手段，而是人民民主的重要形式。

在一个良性运转的政治共同体中，国家政权不仅尊重和维护社

会领域的独立,而且积极吸纳社会各阶层的合理诉求和有益意见,不断完善自身。社会各阶层也以合法有序的舆情表达方式发出自己的声音,维护公序良俗和政权稳定,为政府体制机制改革提供动力。

姚远和任羽中以"激活"与"吸纳"概括中国的社会治理模式,"激活"是指社会新力量有效参与治理,激活既有制度设计;"吸纳"是指国家吸纳社会新力量,达成有序治理。他们认为协商民主具有强大的调适能力,有助于构建一种相互制约又相互合作、相互独立又彼此依赖的有机统一的国家与社会关系。① 从国家与社会之间的关系来看,协商民主的全面兴起是两者关系趋于良性的必然趋势,当两者关系不顺畅的时候,协商功能就得不到充分发挥,而当两者关系趋于顺畅的时候,协商的积极功能就会显现出来。

从改革开放以来的历史脉络看,协商民主的全面兴起亦有其必然性。林尚立、赵宇峰两位教授认为协商民主已经成为 21 世纪初叶中国民主政治建设的核心主题,并且四大因素共同促成了协商民主在中国的全面兴起②:其一,20 世纪 90 年代以来,"从建构与社会主义市场经济相适应的中国特色人民民主政治的角度来整体把握协商民主建设和发展"的政治意识逐渐产生;其二,党和国家需要更多的协商平台来应对现实的经济社会多元化、多样化;其三,将协商引入决策过程成为 21 世纪初以来党和国家提高执政和治理能力的内在要求;其四,实践已经证明了议事会、恳谈会等运行方式的多元有效性。

林尚立、赵宇峰的观点基本阐明了协商民主全面兴起的主要影响因素。在这四个因素中,他们认为第一个因素最关键,"这种政治

---

① 姚远、任羽中:《"激活"与"吸纳"的互动——走向协商民主的中国社会治理模式》,《北京大学学报(哲学社会科学版)》2013 年第 2 期。

② 林尚立、赵宇峰:《中国协商民主的逻辑》,上海人民出版社 2015 年版,第 25—27 页。

意识的产生直接促成了协商民主成为 21 世纪初叶中国民主政治建设的核心主题"。他们在论述第一个因素时采取了爬梳历史脉络的方法，将 1987 年党的十三大提出"建立社会协商对话制度"，1989 年出台的《中共中央关于坚持和完善中国共产党领导的多党合作和政治协商制度的意见》，20 世纪 90 年代社会主义市场经济的确定，1997 年党的十五大提出"依法治国，建设社会主义法治国家"，2002 年党的十六大提出"建设社会主义政治文明"等历史关键点梳理了出来，意在说明协商民主是改革开放以来中国民主政治建设一步一步摸索出来的结果，在其他三个因素共同促进下，其全面兴起成为历史的必然。

对于基层协商在中国的全面兴起，我们不妨从中国改革开放以后，中国现代社会单位制的解体和社区制的发展来管窥基层协商兴起的必然性。改革开放之前，单位制是我国城市管理的基本单元，也是一种制度化的组织形式。它实际上扮演着国家与社会之间的桥梁和渠道，是与当时的计划经济体制相适应的高效的管理形式。改革开放改变了原本的计划经济体制，也对与计划经济紧密结合在一起的城市单位制造成冲击。原本附着在单位制上面的子女教育、医疗、养老、住房等福利在市场经济大潮中被逐渐分离，原本的"单位人"不得不参与到市场经济的激烈竞争中去。从 20 世纪 80 年代开始，社区的概念出现并逐渐深入人心，到了 2000 年，《民政部关于在全国推进城市社区建设的意见》明确了城市社区建设的方向和内容。与计划经济时代的单位制相比，社区制显然与社会主义市场经济体制相适应，更强调发挥个体在城市建设中的主观能动性。在此过程中，如何整合基层群众的利益诉求、化解社会矛盾、制定合理决策等现实问题就摆在了城市管理者的面前。所以，单位制的解体和社区制的发展，从客观上对基层协商的出现和完善提出了要求，基层协商无疑能够有效适应社区制的需求,在社区公共事务治理中发挥重要作用。

无论是从长时段还是从改革开放以来的中时段看,协商民主在中国的全面兴起都是一种必然。这符合世界范围内民主发展的规律与趋势,更是中国现代化进程的强大推力使然。协商民主应被视为中国现代化进程的组成部分,具体来说,是中国民主政治建设的核心部分,是深化国家治理体制改革的重要内容。与国外不同,中国的协商民主建设不局限于社区治理和政治参与,而是关联宏观政治体系,影响整个国家治理的系统工程。按照中央文件的规定,社会主义协商民主建设是广泛、多层、制度化的。尽管还存在若干理论和现实问题,但随着三大纲领性文件与三份针对不同协商渠道的文件陆续发布,中国的协商民主开始进入系统化、制度化的全面发展阶段。社会主义协商民主建设与中国的现代化进程高度一致,既是现代化的结果,也是现代化的内容。

作为社会主义协商民主的七种渠道之一,基层协商全面兴起也是时代发展的必然。如前所述,协商是消除分歧、化解矛盾、维持共同体正常运转的重要手段。改革开放以来的实践也证明,协商能够为基层治理提供有效的方式和手段,大大减轻地方政府的压力和负担;现阶段基层协商在全国多地稳步推进,很大程度上正是得益于基层社会的协商传统。从长时段和中时段的历史脉络看,基层协商与其他六种协商渠道全面兴起的原因是一致的,都是历史发展的必然,是中国现代化进程的结果和内容。

二、基层协商的直接动力大多是地方政府的制度创新需要

改革开放以来,地方政府希望通过创新来解决本地遇到的现实问题,为顺利完成经济发展的中心工作创造和谐稳定的社会环境。对于地方政府而言,问题不在于要不要实施政府创新,而在于如何创新,是施行听证制度、社情民意调查、重大事项社会稳定风险评估,还是设立领导信箱、市民服务热线、领导接待日、便民窗口?这就构成了地方政府尝试基层协商的最初动力。具体来说,地方政府最初尝试基层协商主要出于以下两个方面的考虑。

其一,应对社会现实问题。现代化进程冲击了原有的社会结构,带来了明显的利益分化、人口流动加速,随之而来的社会现实问题对基层治理提出了更高的要求。城市中存在的问题主要集中在老旧小区改造、搬迁安置、业主维权、社会治安、市容市貌、医患关系、流动人口管理等方面。农村的问题主要包括之前的计划生育和征收农业税,以及目前的土地和宅基地维权、空心化和三留守、三资管理、拉票贿选、环境污染、社会治安、交通事故、精准扶贫等,东部发达农村还面临外来务工人口管理的问题。企事业单位的问题主要集中在机构改革、下岗分流、安全生产、职称评定、职位晋升、工资待遇改革等方面。这些问题发生在社会转型时期,客观上需要与之相适应的社会治理体系和与之匹配的社会治理能力。地方政府高度重视基层协商等制度创新,一个重要目的就是要加快社会治理现代化建设,更加有效地应对上述社会现实问题。

其二,为顺利完成中心工作创造良好社会环境。所谓中心工作,就是基层政府的行政行为在一段时间内围绕某一个工作中心展开,

是党和政府开创的独特的国家治理模式的一部分。[①] 每个地方在每个阶段的中心工作是不一样的,但整体而言,现阶段的地方中心工作仍以经济建设、重点工程、重点项目、转型升级等工作为主。对于地方党政干部而言,中心工作是一把手最重视的工作,在目标管理责任制中突出表现为"一票否决",因而会自觉将中心工作放在最重要的位置,其他工作围绕中心工作开展。中心工作往往点多面广,牵涉关系错综复杂,容易引发社会不满情绪,尤其是机制改革、搬迁安置等关乎群众切身利益的工作,更是有可能引起矛盾冲突甚至群体性事件。地方政府高度重视基层协商等制度创新,一个重要的目的就是要消除中心工作的社会安全隐患,为顺利完成中心工作创造和谐稳定的社会环境。

从因果关系上看,地方政府对包括基层协商在内的制度创新的高度重视,完全符合其运行逻辑。从更加宏观的角度看,地方政府的制度创新也是现代化进程中的社会转型对体制改革的客观要求。每个社会发展阶段都要求与之相适应的体制,当政治体制适应社会发展阶段时,就会为社会良性运行提供政治保障;而当政治体制无法有效适应社会发展阶段时,就需要进行一定程度的体制改革,这个过程可以被称为制度变迁。中国的现代化进程必然伴随着社会转型,如阶层分化加剧、利益格局调整、思想观念多样等,客观上要求政治体制通过变革以更好地适应社会转型。地方政府对包括基层协商在内的制度创新的高度重视,正是社会转型要求体制变迁的具体表现。

---

① 吕德文:《找回群众:重塑基层治理》,生活·读书·新知三联书店 2015 年版,第 70 页。

第二节　基层协商的发展脉络

　　基层协商并没有统一整齐的发展脉络，究其原因，基层协商产生之初并没有中央层面的设计，更不是自上而下逐级推行，而是经历了各地政府根据实际需要慢慢探索，是自下而上的过程。改革开放以来的基层协商大致经历了三个发展阶段，即1978年至20世纪末的酝酿阶段，20世纪末至2012年党的十八大的初创阶段，党的十八大以来的快速发展阶段。

一、1978年至20世纪末是我国基层协商的酝酿阶段

　　在这个阶段，全国经济、社会各方面的深刻变革，为包括基层协商在内的协商民主创造着条件，营造着环境。在农村，以土地制度改革为基础的全方位改革，使农民从土地上走出来，大量农村剩余劳动力进入城市。在城市，市民逐渐从"单位人"变成了"社会人"，单位制逐渐被社区制取代。同时，多元价值观念进入国内，对社会各阶层产生深刻影响。随着经济、社会不断发展，各类基层公共事务和基层问题随之增多，对各级政府提出了更高的要求。让基层群众更多地参与到公共事务治理当中，不仅能够满足经济、社会发展的客观需要，也与政府和干部群众的心声相一致。

　　在这一阶段，党和国家也为协商民主奠定了法理和制度基础。1987年党的十三大报告提出基层民主的制度化和规范化，同年的《中华人民共和国村民委员会组织法（试行）》对村民委员会的性质、地位进行了明确界定。到了1998年，《中华人民共和国村民委员会组织

法》正式颁布,标志着基层协商特别是农村基层协商的准备和酝酿阶段已经完成。

二、20 世纪末至 2012 年党的十八大是我国基层协商的初创阶段

在这一阶段出现了大量基层协商的实践案例,这些实践案例以代表会议、村民议会、恳谈会、听证会等各种形式存在。需要注意的是,很多案例一开始的时候并没有被冠以"协商民主"的名号,而是党和地方政府创新的一部分。在这一阶段,学术界对协商民主的理论研究不断深入,也给很多基层协商实践案例带来深远影响。国内基层实践与协商民主理论在这一阶段实现了结合。

三、2012 年党的十八大迄今,基层协商进入快速发展阶段

在这一阶段,包括基层协商在内的七种协商渠道获得了正式确认。2015 年,《关于加强社会主义协商民主建设的意见》《关于加强城乡社区协商的意见》等文件陆续印发,对协商民主和社区协商进行了详细阐述。各地党代会报告和政府工作报告基本都将协商民主作为一项重要工作内容来抓。"稳步推进基层协商"成为地方社会治理体系和治理能力现代化建设的重要方面。2017 年,党的十九大报告中继续强调"发挥社会主义协商民主重要作用",并将其作为"健全人民当家作主制度体系,发展社会主义民主政治"的重要部分。有研究发现,党的十八大以来,各地贯彻中央有关文件精神,极大地激发了基层群众的民主意识和参政热情,许多外出打工的农民千里返乡参加

选举，越来越多的基层群众懂得珍惜和维护自己的民主权利和权益。[1] 在这一阶段，乡镇和街道的基层协商、行政村和社区的基层协商、企事业单位的基层协商迅速发展，基层协商进入"快车道"。

目前，基层协商正在全国许多地方稳步推进，但从整体上看，我国的基层协商还不完善，还处于探索时期。文丰安认为，目前我国的基层协商已经初步建立并创新了党群合作协商民主治理机制，但还需要进一步完善；建立与创新了利益协调整合与矛盾处理等的机制，但发展还不健全，配合协同还不到位；平等对话机制在部分地区实践，但还不健全，作用发挥效果还不佳；决策参与机制广泛建立，但还有待进一步完善健全；初步建立了协同合作机制，但还有待进一步提高。[2] 这种判断大致符合基层协商的客观实际，即经历了 1978 年至 20 世纪末的酝酿阶段，20 世纪末至党的十八大的初创阶段，党的十八大以来的快速发展阶段，我国的基层协商实践已经进入发展"快车道"，但整体上还不完善、不健全，仍处于探索时期。

第三节　基层协商的典型做法

本节选择几种在全国范围内影响较大的基层协商典型做法进行简要介绍。通过了解这些典型做法，能够对我国基层协商的产生、发展、现状以及存在的问题有一个直观的认识。

---

[1]　杨根乔：《关于基层协商民主建设的调查与思考》，《中州学刊》2016 年第 1 期。

[2]　文丰安：《当前我国基层协商民主机制创新之理性审视》，《重庆理工大学学报（社会科学）》2016 年第 8 期。

一、以浙江温岭为代表的民主恳谈会

民主恳谈会兴起于浙江温岭,是全国闻名的典型案例,不论是学术成果还是政府文件,只要谈及基层协商就无法忽视温岭的民主恳谈会。温岭的民主恳谈会发端于 1999 年在松门镇举办的"农业农村现代化教育论坛"。2000 年至 2001 年,温岭将名称不一、形式各异的基层民主实践统称为"民主恳谈会",进一步明确协商议题,增加信息透明度。接下来,警民恳谈会、党内民主恳谈会、企业民主恳谈会等形式逐渐出现,开始于 2005 年的参与式公共预算改革更是将民主恳谈会提升到了新的高度。关于温岭的民主恳谈会,本书第四章第二节将从舆情表达机制和舆情表达平台的角度展开详细论述。

需要注意的是,浙江温岭的实践不局限于基层协商。根据温岭市社会主义学校陈鼎副教授的研究,温岭早在 2003 年就以"完善领导干部辞职制"专题协商为切入点,将政协协商纳入了党委决策程序,到了 2009 年,更是将专题协商提升至市委常委会层面。2010 年 4 月,《中共温岭市委关于加强人民政协工作的意见》规定,除经常性协商外,市委一般每年举行一次专题协商会,就全市经济建设、政治建设、文化建设、社会建设以及生态文明建设和党的建设中的某个重大问题开展协商,并明确规定了协商环节。2013 年至 2015 年,专题协商会的主题依次为"推进生态文明建设,打造宜业宜居城市""推进协商民主广泛多层制度化发展""全面深化法制温岭建设,努力提升法制化水平"。陈鼎认为,温岭坚持"市委出题、政协破题"原则,形成了"市委主导、政协主动"的良好局面,走出了一条基层政治协商走向制度化、规范化、程序化的新路子。①

这说明,温岭的民主恳谈会是整个县域内的系统协商,某些方面超出了基层协商的范畴,涉及人大协商、政协协商、政府协商等其他协商渠道,这与前文在论述基层协商复杂性时提到的"多种协商渠道彼此交叉"的判断一致。尽管如此,还是要将温岭民主恳谈会视为基层协商的典型案例:一是因为温岭民主恳谈会的主体仍是乡镇和行政村层级的基层协商;二是因为温岭民主恳谈会迄今仍是县域内的协商,没有上升到更高层级;三是因为七种协商渠道之间本来就不是界限分明,而是彼此交叉、互为补充;四是因为学术界已经普遍将温岭民主恳谈会视为国内基层协商的典型案例。

二、以上海漕河泾街道为代表的"三会"制度

所谓"三会",是对听证会、协调会、评议会的统称。近年来,全国许多地方探索"三会"城市基层治理模式,其基本做法是街道"后退一步",让居委会在社区治理中发挥组织协调作用,以"三会"为平台,让居民"唱主角"。上海徐汇区漕河泾街道的听证会主要针对涉及居民切身利益的重大事项,由居委会主任担任组长的听证小组召开,由居委会有关人员、居民代表、有关部门或社会组织的代表、相关领域专家等参加,有关部门或社会组织在收到听证小组的书面材料后的 15 日内进行反馈。漕河泾街道的协调会主要针对居民之间、居民与驻社区机构单位之间的矛盾等,由居委会主任或居委会调解主任担任组长的协调小组召开,由居委会有关人员、矛盾当事人或其代表、居

---

① 陈鼎:《政协协商纳入地方党委决策程序的制度创新——基于温岭市专题政治协商的实证调查》,《中央社会主义学院学报》2016 年第 6 期。

民代表等参加,达成一致意见后签字存档,达不成一致意见的由组长决定下次协调会时间或通过其他途径解决。漕河泾街道的评议会主要针对居委会及其成员、社区工作者、有关政府部门及工作人员、物业管理公司及工作人员等的履职情况,由社区党支部书记担任组长的民主评议小组召开,由居委会有关人员、居民代表、被评议的部门或单位代表等参加,评议意见作为有关部门及其工作人员的考核依据。

听证、协调、评议,涵盖了城市基层协商中的主要内容,其中,听证针对决策,协调针对矛盾,评议针对监督,三个方面分别有了对应的协商平台,即听证会、协调会、评议会。借助这些平台,居民的知情权、参与权、表达权、监督权以及居委会的基层治理功能得到一定程度的实现。当然,在全国的许多地方,三者之间分得并不清晰,有时候单单一个听证会就涵盖了听证、协调与评议。"三会"的制度化、规范化、程序化,居民参与的积极性与公共精神,有效利用移动互联网新技术、新平台等,将是下一步的难点与重点。

三、以北京和平里街道为代表的"社区议事厅"

2009 年,北京东城区和平里街道选择青年湖社区试点"社区议事厅"制度,取得成功后,于 2012 年在辖区内 20 个社区普及推广。社区议事厅主要针对改造煤气水电、制止私搭乱建、拆除地锁违建、规范停车管理等涉及居民切身利益的难点问题。其中,居委会淡化行政色彩,增强组织和服务功能,为利益相关方提供议事协调平台和政策法律帮助。相关政府职能部门、相关单位、相关企业、物业公司、居民或居民代表等,借助社区议事厅,参与话题讨论、表达利益诉求、交流解决办法,达成一致意见后由主持人填写《社区议事厅协商共识纪要》。社区议事厅制度得到了北京市委市政府的重视和支持,2016年6月,中共北京市委办公厅、北京市人民政府办公厅印发的《关于加强城乡社区协商的实施意见》明确提出,要以社区议事厅等多种协商制度为平台,开展灵活多样的协商活动;健全完善社区议事厅规则,规范各类协商形式的组织流程。北京市委市政府已经将社区议事厅作为加强基层协商建设的重要抓手,社区议事厅正在向楼院、社区、街道、区多层级发展。

北京的社区议事厅为城市基层协商提供了多元参与的平台,着重解决的是协商平台的问题。从指导思想看,它是多元利益主体共同参与社区治理的有益尝试。从协商内容看,它与"三会"制度中的协调会最为接近。从过去几年的协商实践看,它有效地解决了若干老旧小区改造升级过程中的问题。从发展趋势看,它有可能向全北京市逐渐推广,从协调向听证、评议扩展,从老旧小区向其他类型社区扩散。

四、以江苏连云港市海州区为代表的"三会村治"

"三会村治"中的"三会",是对村民议事会、村民委员会、村民监事会的统称。2008年,为解决辖区内出现的村两委两张皮、村民大量外出务工导致村民会议召开难、村干部权力缺乏监督等问题,江苏连云港市海州区在三个村试点三会村治,取得成功后,于2010年在全区推广。"三会村治"将村民参与乡村基层治理的权力细化为三,在村民委员会的领导下增设村民议事会和村民监事会,村支部书记担任议事会主席,支部副书记担任监事会监事长,"三会"在党支部领导下各司其职、彼此协作、相互制衡,议事会决策、村委会执行、监事会监督。运行过程实行"五事三公开",即提事、理事、定事、干事、监事五个方面,实行事前公开、事中公开、事后公开。村民代表会议每年听取"三会"工作报告,对村干部进行民主评议,村民对"三会"及其成员拥有质询权。"三会村治"得到了连云港市委市政府的重视和支持,其不仅召开现场会,而且下发实施意见在全市所有区县进行试点。

"三会村治"是对扩大农村基层民主和提高农村治理水平的有益尝试,有助于解决农村特别是劳动力输出地区的现实问题。在扩大农民知情、参与、表达、监督权利的同时,还理顺了村两委的关系,密切了党群、干群联系。从指导思想看,"三会村治"开拓了农村基层协商的思路。从实际效果看,"三会村治"不仅没有削弱党在基层的领导核心地位,反而有助于加强和改善党的领导,是基层党的建设的一种创新。从协商层级看,"三会村治"还限于行政村。从协商内容看,"三会村治"主要包括三资管理、村容整治、基础建设、电网改造、低保医保等村务。从未来趋势看,"三会村治"不太可能向乡镇及其以上层级扩展,但对其他地区的基层协商很有启发意义。

五、以湖北随县为代表的村务协理员制度

2011 年底,湖北省随州市随县三里岗镇吉祥寺村推选产生 28 名村务协理员,取得成效后,在全县推广。随县首先将每个行政村因山就势、随湾就片分成若干片区,然后每个片区内的村民自愿申请、差额选举产生村务协理员,最后由村委会聘请委任。能够当选村务协理员的一般都是政治觉悟高、素质硬、能力强、有热情的党员、原村组干部、村民代表。村务协理员每年获得 600 元左右的补助,肩负宣传、组织、调解、服务、信息、监督六项职责,接受村民和村委会监督,有向

村两委建议的权利，但无经费开支和审批的权利。[①] 经过这几年的发展，随县村务协理员制度已经基本完善，不仅出台了《推进村务协理员管理模式的试行办法》，而且建立起了拥有3736名村务协理员的队伍，在坚持党的群众路线、密切干群联系、传达上级精神、落实各项政策、搜集社情民意、解决实际困难、调处矛盾纠纷、维护农村和谐稳定等方面发挥了积极作用。

村务协理员制度是城市社区网格化管理在农村的创造性应用，是农村基层社会治理的制度创新。客观来说，它并不是严格意义上的基层协商民主，因为单就该制度而言，其有话语权实现而无明显的偏好转换。但在实践中，村务协理员制度无疑与基层协商存在一定程度的联系，也是基层民主的创新形式。从指导思想看，它的重点在于打通干群沟通渠道，村务协理员既是村民的代言人，又是村两委制度的执行者。从协商内容看，它基本涵盖了农村基层协商的所有方面。从协商实践看，它特别适用于行政村管理范围过大的地区。从未来趋势看，它有可能向人口相对分散的山区推广。山区的行政村一般下辖多个自然村，信息传输难、村务管理难、服务覆盖难、经济发展难，村务协理员刚好能够在村两委与村民之间搭建桥梁。

六、以中铁宝桥集团为代表的"四步法"工资集体协商

工资集体协商是企事业单位管理中的大事、难事。中铁宝桥集团位于陕西省宝鸡市，是中国中铁集团全资子公司和骨干成员，拥有

---

① 《基层协商民主典型案例选编》编写组：《基层协商民主典型案例选编》，人民出版社2015年版，第235—240页。

11 家企业,总资产达 50 亿元,职工 4000 余人。① 经过十多年摸索实践,中铁宝桥集团形成了适合自身的"四步法"工资集体协商。第一步,每年 11 月,由工会代表职工向企业提出书面要约,人力资源部门与工会共同协商、起草《集体合同》。第二步,岁末年初,行政方与职工代表方共同出席工资集体协商会议,行政方由集团总经理担任首席代表,职工代表方由工会主席担任首席代表,双方共同协商准备提交职代会的《集体合同》和《工资集体协议》。第三步,召开职工代表大会讨论审议《集体合同》和《工资集体协议》,讨论审议、投票表决上年度合同与协议的落实情况。第四步,报陕西省相关部门备案,公布实施。同时,中铁宝桥集团还将"四步法"与厂务公开等制度结合起来,既保持了职工工资稳定增长,又实现了企业的良性运转。

在乡镇与街道、行政村与社区、企事业单位三个方面的基层协商中,企事业单位的基层协商最容易被忽视。但事实上,企事业单位的基层协商意义重大,不仅直接关系到职工的切身利益和基本权利,而且关系到单位的稳定与发展。大型企事业单位的基层协商还与地方和谐稳定紧密相关,单位的内部问题一旦处置不当就很容易外溢为社会问题。企事业单位基层协商中面临的普遍问题是,职工在企事业单位内部权力架构中处于弱势地位,缺乏表达合理诉求的正常渠道。稳步推进企事业单位基层协商的一个重要意义,就是要畅通正常渠道,赋予职工舆情表达的权利,发挥劳动行政部门和党组织的积极作用,塑造资方、管理层、职工良性互动关系。

中铁宝桥集团的"四步法"工资集体协商无疑属于企事业单位基层协商的重要内容。从指导思想看,它的重点不是制度创新,而是细

---

① 中铁宝桥集团有限公司官方网站:http://www.crbbi.com/Job/,2017 年 6 月 6 日访问。

化并规范了协商程序,突出了协商民主实的方面。从协商内容看,它针对职工的工资待遇。从协商实践看,它特别适用于人数众多、关系复杂、结构完整的大型企事业单位。从未来趋势看,它有可能与国企改革、公司改制等结合起来,并从工资协商向其他领域扩展,创新管理模式,进而凸显协商民主新的方面。

第四节　基层协商的基本特点

我国的基层协商实践具有一些典型特点,这些特点是与我国基层协商产生和发展的历史社会背景直接相关的。具体而言,我国基层协商的基本特点表现为:党组织起着领导核心作用;显著的问题导向;显著的民生导向;体制内外的张力转化为改进动力;互联网的平台作用越来越凸显;深受传统思想文化影响。

一、党组织起着领导核心作用

基层协商的最大特点是党组织起着领导核心作用,这是由坚持党的领导的基本原则决定的,也与现行政治架构和政治运行特点相吻合。中国共产党是中国特色社会主义各项事业的核心,无论是在城乡还是在企事业单位,党组织都在重大事项上拥有最终的决定权。各地基层协商实践也证明,坚持党的领导是基层协商产生和发展的最关键的因素,缺乏党组织的重视和支持,基层协商不可能有序推进。这符合我们一般所理解的,有效的基层民主体系一定建立在强有力的政党权威基础之上。① 同时,基层协商也会对基层党组织产生积极的反作用力,它的有序推进能够助力基层党建工作,增强基层党组织的领导核心地位。

根据杨红喜、容晖的研究,武汉市汉阳区洲头街搭建居民对话会协商载体,其中,社区基层党组织发挥了重要的核心作用,尤其是在召集对话会、设立议题、引领对话方向上都扮演着不可或缺的角色。杨红喜、容晖举了怡畅园小区的案例。洲头街党工委、办事处在2014年行政区划调整中,针对该小区相对封闭的特点,成立专门的社区党组织,把业委会代表业主利益的管理与物业公司市场化服务有机结合起来,在调解矛盾、疏解情绪、营造良好的社区环境等方面取得了一定效果。从近几年的实际效果来看,洲头街的居民对话会又为基层党组织开展工作提供了很好的平台和抓手,增强了基层党组织的领导核心地位。②

"问题墙+回音壁"制度最初于2014年在陕西省延安市宝塔区冯庄乡康坪村试行,目前已在延安市各级党组织中全面推行,并且利用党建云平台升级为线上线下相结合的模式。所谓问题墙和回音壁,是指树立在县、乡、村和各级机关单位醒目位置的两个公示栏,问题墙的主要内容是基层党组织和党员干部亟须解决的各类问题,群众可以在上面反映问题,回音壁的主要内容是解决问题的进度和结果,与问题墙相呼应。该制度是对基层党建工作的有益尝试,是非常有意义的地方制度创新,但并非严格意义上的基层协商。典型的协

---

① 林尚立:《在有效性中累积合法性:中国政治发展的路径选择》,《复旦学报(社会科学版)》2009年第2期。

② 杨红喜、容晖:《"居民对话会":基层协商民主的一种好形式——基于基层社会治理的视角》,《湖北省社会主义学院学报》2017年第6期。

商民主应该包括两个核心要素,即一定程度的民众话语权实现与运转良好的偏好转换。① "问题墙+回音壁"制度带有鲜明的问题导向,是民众话语权实现的有效方式,但在偏好转换方面并不明显。当然,如果从宽泛的角度来看,该制度与基层协商有许多共通之处,可以视为宽泛意义上的基层协商。"问题墙+回音壁"制度非常典型地体现了基层党组织与基层协商的关系,一方面,基层党组织在该制度中始终居于领导核心地位;另一方面,该制度又显著促进了基层党员干部作风建设,改善了党群、干群关系,增强了基层党组织的凝聚力和战斗力。

从以上两个案例不难看出,基层协商的有序推进必须依赖基层党组织发挥核心领导作用,基层党组织的支持与推动是基层协商顺利开展的前提条件。包心鉴在对一些城市街道党工委进行深入调查的基础上,总结了基层党组织在发展基层协商中的四项主要功能,即确保正确方向、坚持问题导向、营造良好环境、发挥党员带头作用。② 对于基层党组织而言,基层协商绝不意味着自身功能的减弱和责任的减轻,相反,基层党组织必须在基层协商中履行主要功能,承担更多责任。同时,某些地区存在基层党组织领导力弱化的问题。例如,李松玉等认为:"改革开放以来,山东省各地农村基层党组织普遍存在影响力、领导力不足的问题,特别是省内中、西部地区的较落后的农村问题更加突出。"③ 基层协商是党的群众路线在基层实践中的具体体现,有助于保持党同人民群众的血肉联系。只要基层协商能够

---

① 郭鹏:《协商民主的边界》,《中国社会科学报》2015 年 6 月 12 日政治学版。

② 包心鉴:《把党的政治优势转化为民主协商共建共享的社会优势——关于基层协商民主的调研与思考》,《中共天津市委党校学报》2017 年第 4 期。

③ 李松玉、王加加:《改革开放以来山东农村基层民主的发展成就与问题》,《辽宁行政学院学报》2016 年第 8 期。

顺利开展,它就会反过来助力基层党建,增强基层党组织的领导核心地位,最终实现基层党建与基层协商之间的良性循环。

从更深一层进行分析,在基层协商中发挥领导核心作用也是基层党组织建设从相对封闭走向更加开放的过程。随着我国经济社会持续发展,价值观念多元化趋势更加明显,这对加强基层党组织建设提出了更高的要求。基层党组织不仅要在党组织内部推进党内民主建设,实现党员群体的内部整合,而且要推进所在区域的民主政治建设,实现包括党员和群众在内的外部整合。借助基层协商平台,党员干部获得了更加广阔的发言空间,可以将原本在党支部会议上的发言放到协商平台上。这个过程既是党员干部助力基层协商,在协商中起到带头作用的过程,也是基层协商为党员干部提供平台,宣传党中央大政方针的过程,是有效推进外部整合的平台和渠道。在基层协商中起到核心领导作用与加强基层党组织建设是一致的,而且,基层协商的过程也是基层党建从相对封闭走向更加开放的过程。

有些时候,党的核心领导作用体现为地方政府在基层协商中的主导性。有些基层协商的具体推动者是地方政府或者村委会、居委会,在我国现行政治体制下,这同样能够体现出党的核心领导作用。最典型的是各地的听证会,具体推动者是政府部门,但重大事项都要经过相关党委决定,充分体现出党的领导核心地位。

需要注意的是,坚持党的领导并不意味着事无巨细地管理一切。党的领导主要体现为宏观政治层面的领导,是对基层协商方向、原则、路径上的指导以及组织、思想、干部上的保障。在多元利益主体协商具体事务时,党组织与其他主体的地位是平等的。但如果协商过程中出现违背党和国家大政方针、背离公共理性等问题时,党组织要及时纠偏,保障基层协商沿着正确道路推进。在此意义上,党组织应是基层协商的"掌舵人"，而非具体的"划桨者"。党组织无需参与到每一件具体事务的协商当中去，但必须对协商负有宏观把握的责任。

二、明显的问题导向

中国基层协商的产生，往往都是针对某些具体问题，在解决问题的过程中逐渐完善的。基层面临的问题多种多样，其中最突出的是化解基层矛盾。在现实中，随着经济社会加速变革，基层矛盾在一定时期内、在某些地区呈现多发趋势。例如，随着城市化进程的加快，征地拆迁和搬迁安置中出现了很多矛盾和冲突，有些甚至引发了警民冲突和群体性事件。解决基层矛盾的现实需要，是地方政府探索基层协商的重要原因之一，地方政府在考虑是否尝试基层协商的时候，往往将其能否解决实际问题作为重要因素。

四川彭州的县、乡镇、村和社区三级社会协商对话机制，恰恰能够说明基层协商的问题导向。2013 年以前，彭州各级地方政府在实践中遇到了很多现实问题，集中到一点，就是如何有效协调当事人的利益关系，将基层矛盾化解在基层。针对现实问题，2013 年 3 月，由彭州市委统战部出面，建议市委尝试构建社会协商对话制度。2013 年 4 月，彭州市委出台试行意见，试点三级社会协商对话机制。在县一级，由市委统战部部长作为召集人，市委组织部、宣传部、党校等作为成员单位；在乡镇一级，由统战委员或分管统战工作的副书记作为召集人，负责召集镇的协商议事会，镇党政办负责落实；在村和社区一级，由村或社区的党组织书记作为召集人，负责召集协商议事会。

意见出台后，彭州市又根据执行过程中遇到的具体问题不断完善。这些问题既包括城区改造等大问题，又包括村民纠纷等小问题；既包括实践工作中的问题，又包括干部群众思想认识误区的问题。

彭州市的协商实践逐渐与群众路线紧密结合,在汇集群众舆情表达、有序扩大基层群众政治参与、化解基层社会矛盾、提升基层政府公信力等方面起到了明显的积极作用。彭州的协商实践之所以能够取得显著效果,很重要的一个因素就是始终坚持问题导向。问题导向提升了基层协商的应用性,从解决实际问题出发,赋予了基层协商源源不断的动力。

前文谈到的延安市"问题墙＋回音壁"制度同样带有明显的问题导向。2014年,陕西省延安市宝塔区冯庄乡康坪村积极探索"问题上墙",初衷是为了解决农村土地承包经营权确权改革进程中的亩数测量、户籍分户、林权纠纷等现实问题。后来该制度之所以推广到全区乃至全市,一个重要原因是其在解决基层问题中的作用非常明显。例如,2016年5月,该制度有效解决了宝塔区临镇镇因蒙华铁路建设引发的征地补偿款分配争议问题;同年7月,该制度有效解决了宝塔区凤凰山街道部分路段交通堵塞、环境卫生较差等问题;同年8月,该制度有效解决了宝塔区河庄坪镇基层党建工作不实、后进村整顿效果不明显等问题。"问题墙＋回音壁"制度能够有效解决基层问题,是其从一个村的基层制度创新逐渐推广到全市的重要原因。

三、显著的民生导向

中国基层协商的一个重要特点是民生导向,即以协商民主为手段,以保障和改善民生为目的。改革开放以来,地方党委、政府都比较重视民生,尤其是随着"全面建设小康社会""以人为本""全面改善人民生活"等改善民生的政策出台,保障和改善民生成为地方政府工作的重要内容。党的十八大报告更是明确提出"在改善民生和创新管理中加强社会建设",要"解决好人民最关心最直接最现实的利益问题"。中央高度重视民生问题,无疑抓住了社会主义建设的"牛鼻子",民生搞得好,社会不和谐因素就减少,民生出问题,社会不稳定因素就增多。在推进基层协商的时候,地方党政干部自然而然将其与民生联系起来;在面临民生难题的时候,地方党政干部也会想到基层协商,并将其视为解决民生难题的重要渠道和手段。

中国的基层协商之所以带有民生导向特点,是现代化进程中体制内外良性互动的结果。现代化进程中的利益格局深刻调整,每个人都希望过上更好的生活。同时,原先计划经济时代的"单位人"逐渐回归社会,农村剩余劳动力大量进城务工,每个人都要在社会主义市场经济发展中提升自身竞争力。教育、就业、收入、住房、社保、医疗、养老等民生问题摆在每个人的面前,也成为各级党组织和政府的重要工作内容。对于民众而言,民生直接决定了个人和家庭的生活质量,对于党和政府而言,民生直接影响着社会稳定。以民生为导向的基层协商,反映出民众对民生的普遍关注,也说明了党和政府对民生的高度重视。一方面,民众的民生诉求通过基层协商表达了出来;另一方面,党和政府的民生决策通过基层协商更趋科学合理,民生举措更能获得民众的理解和支持。民生是各级党组织和政府共同关注的领域,基层协商是保障和改善民生的重要手段,基层协商的民生导向是基层党组织和政府部门与民众良性互动的结果。

每个阶段民生的问题重点、热点不尽相同。改革开放初期,最主要的民生问题是解决温饱,近几年,民众对于生态环境和食品、药品安全的关注度持续走高,雾霾、水质、土壤等经常成为热门话题。党的十八大提出五位一体总体布局,其中就包括生态文明建设,党和政府不仅将生态文明建设定位为"关系人民福祉、关乎民族未来的长远大计",还提出要"改革和完善食品药品安全监管体制机制"。这说明党和政府将生态环境和食品、药品安全放在了非常重要的位置上,这是对民生热点问题的积极回应。此外,近几年民众对于发展权的重视程度也在提高,典型案例是对于全国是否统一高考试卷和录取分数线的论争。民生的阶段性特征也会影响到基层协商,使不同时期的基层协商的侧重点存在差别。就目前而言,基层协商的内容主要还是城乡规划、工程项目、拆迁安置、工资待遇等,相信未来关于环境、教育等的协商会逐渐增多。

四、体制内外的张力转化为改进动力

在城市,随着经济社会的迅速发展,尤其是城市化和信息化的快速发展,基层社会正经历着一场深刻的变革,出现了许多新的情况和新的问题。随着温饱问题的解决,基层群众越来越关注基层事务治理。经济社会变革背景下出现了许多新的利益群体,他们迫切需要在基层事务中发出自己的声音和利益诉求。同时,还出现了更加多元复杂的利益分化,利益整合的需求也越来越急迫。协商民主作为一种有效的舆情表达和汇集机制,能够非常适应上述新变化。

在乡村,新农村建设的现实目标促进了基层协商的发展。进入21世纪以来,建设社会主义新农村是我国现代化的重要任务,要想实现农村现代化,就要想办法充分调动农民的积极性和主人翁意识,促使其投身到农村政治生活当中。农村基层协商民主恰恰顺应了这一趋势,并能够满足其要求。作为一种不同以往的新型治理模式,农村基层协商对于激发农民的政治参与热情,发挥农民的积极性、主动性、创造性具有重要作用。在广大农村地区,新农村建设的体制张力逐渐转化为基层协商的动力。

五、互联网的平台作用越来越凸显

从 1987 年算起,互联网进入我国已经三十多年。近年来,随着移动互联网的迅速普及,人们接入互联网的成本大大降低,便捷程度明显提高。根据中国互联网络信息中心(CNNIC)发布的第 44 次《中国互联网络发展状况统计报告》显示,截至 2019 年 6 月,我国网民规模达到 8.54 亿,互联网普及率达 61.2%。从网民规模和网络普及率来看,我国已经进入了网络社会。互联网的影响涉及社会的方方面面。越来越多的公共话题在网络上发酵,并借助网络渠道进行传播。互联网已然成为人们发表意见、相互交流的主要平台。在基层协商民主的过程中,人们也习惯于借助网络平台参与公共话题讨论,特别是在许多城市的新兴小区,人们对通过微信群交流讨论停车秩序、环境卫生、邻里纠纷等社区公共事务已经习以为常。2020 年初,在新型冠状病毒肺炎疫情防控期间,许多社区通过微信群等发布疫情信息、交流防控经验、讨论防控方法,取得了积极效果。

近年来,各级政府积极适应互联网带来的社会变化,创新体制机制。如今,书记市长信箱、政务微博、微信公众号等基本涵盖了主要的市民与政府沟通的网络渠道。各地正在推进的县级融媒体建设,将有助于进一步提升政府回应水平。在基层协商民主过程中,各地积极探索,通过社区网络论坛、社区微信群等回应基层舆情,有效提高了基层治理的时效性。从未来趋势看,互联网在基层协商中的平台作用将会越来越凸显。随着移动互联网技术的持续发展以及更多的民众接入互联网,互联网对社会的影响将会进一步加深。舆情表达将更多地以网络形式呈现,这在客观上要求基层协商的重心继续向网络平台转移。

六、深受传统思想文化影响

中国传统思想文化为协商民主的产生与发展提供了重要资源，其中，尤以对基层协商的影响最为明显。中国拥有悠久的协商传统与影响深远的和合思想，天下为公、以民为本、和而不同、允执厥中、兼听则明、求同存异等观念深入人心，这些观念与现代协商民主思想具有内在的一致性。例如，传统的民本思想强调以民为本，暗合了现代协商民主对公共利益和民众权益的重视；传统的求同存异观念，能够为协商过程提供重要借鉴。各地在推进基层协商的过程中，都会不同程度地挖掘优秀传统文化，服务于基层协商建设。天津市、河北省的许多地方非常重视"五老议事会"，正是注意到了当地的尊老重老传统，意在发挥老党员、老干部、老模范、老军人、老教师的积极作用。那些组织实行了五老议事会的地方，也确实在组织协商、协调关系、化解矛盾、贯彻执行等方面取得了不错的实际效果。优秀传统文化能够对基层协商起到明显的促进作用，基层协商的顺利推进离不开对优秀传统文化的重视和挖掘。

当然，中国传统思想文化在某些时候也会与现代协商民主不一致，个别情况下甚至会限制协商民主的发展。例如，有些民众秉持"事不关己，高高挂起"的处世方法，消极应对基层协商；有些民众认为家庭、家族高于一切，在参与协商时置公共利益于不顾；个别家庭还有"男主外、女主内"的思想，导致参与协商的人员性别结构失衡；个别干部不重规则重人情，认为中国是一个人情社会，协商规则可以因人情而变。上述传统思想文化不同程度地阻碍着现代协商民主的健康发展。

第二章　基层协商中的舆情表达主体

在所有类型的协商民主实践中，基层协商中的舆情表达主体最广泛、最有活力，也最富创造力。他们大多是与协商事项直接相关的基层群众，解决的往往是与其切身利益密切相关的公共事务，因而参与积极性高，也更敢于、乐于表达，表达的方式也很直截了当。本章在论述舆情表达主体时，主要是指各级党组织、基层政府、居委会、村委会之外的其他主体，其中既包括本地居民和长期居住在当地的外来人员等个体化的表达主体，也包括企业、人民团体、社会组织等组织化的表达主体。各级党组织、基层政府、居委会、村委会等享有或者部分享有公权力，在基层协商中承担发起者、推动者、领导者、参与者等多重角色，暂不在本章论述。

第一节　作为主要参与者的本地居民

对于大多数基层协商案例而言，本地居民是基层协商的主要参与者和利益相关者。不管是城市还是农村，本地居民都构成了最基本的协商主体，其年龄性别、受教育程度、职业、收入等也是影响基层协商的重要因素。从目前基层协商的实践来看,制度和阶层是影响本地居民参与基层协商的两个主要因素。所谓制度,是指地方党委政府和村(居)委员会两委能够为本地居民提供何种机制保障,使其话语权落到实处。所谓阶层,是指本地居民分属于不同的社会阶层,每个阶层在参与基层协商、进行舆情表达时会体现出不同的行为特征。本节以具体案例为基础,从制度和阶层两个维度分析阐述基层协商中的舆情表达主体——本地居民。

一、贵州遵义红花岗区"村务点题公开"制度

基层政务公开是本地居民和其他主体参与基层协商的基本前提。全国许多地方都对政务公开进行了有益尝试,其中,贵州省遵义市红花岗区的"村务点题公开"制度颇具代表性。所谓村务点题公开,就是当地群众以口头或书面形式向负责公开的组织或工作人员就应该公开但未公开的事项,或者已经公开但不详细、不具体,以及其他想要了解的事项或政策法规等提出疑问,由相关组织或工作人员当场或限期答复。村务点题公开制度主要包括四种形式:一是通过召开村民会议或村民代表会议,基层群众当场提问,村干部现场解答;二是对于特殊情况不能当场答复的问题和休会期间群众的点题质询,增加《提问联系卡与解答回复单》,村务公开民主管理小组以《提问回复单》的形式答复提问人;三是将民主测评村干部列入点题公开内容;四是明确职能部门职责,将区委组织部、纪委、监察局、文明办、农办、民政局以及镇、村主要职责进行具体细化,严格落实。[①]从这几年的实施效果来看,红花岗区的村务点题公开制度明显提升

---

① 《贵州省遵义市红花岗区:村务点题公开制度》,《村委主任》2010 年第 6 期。

了村务透明度,显著增强了地方政府和村两委的公信力。如今,村务点题公开制度已经在全国各地广泛推行。

二、浙江武义村务监督委员会制度

独立于传统意义上的地方党委和村(居)委会两委之外的村务监督委员会,是保障基层群众监督权的重要制度创新。村务监督委员会制度源于浙江省金华市武义县的探索实践,在 2004 年,武义县就开展了试点工作,选举产生了全国首个村务监督委员会,2005 年,村务监督委员会制度推广到武义全县,2009 年,村务监督委员会制度推广到浙江全省。目前,村务监督委员会制度已经在全国陆续推广。村务监督委员会(以下简称监委会)是在地方党委和村(居)委会之外设立的"第三委",不由两委任命,更不对两委负责。在武义县的实践运行中,监委会成员不仅有权列席村两委会议,而且有权对不符合制度规定的两委决定提出废止建议。监委会最重要的也是村民最关心的权力是账前审核权,即在审核村财务时,不仅看已有账目,而且还要看账目形成前的相关发票等票据。① 这与当地经济社会发展水平较高有直接关系,即当地很多行政村都拥有可观的集体财产和资金,部分村干部因经济问题被查处,客观上需要有一个独立于村两委之外的监督力量。在此背景下,监委会应运而生,它将村干部的用钱用权置于基层群众监督范围之内,有效地遏制住了个别村干部的贪腐行为。不过,从另一个角度看,监委会的产生和推广也恰恰说明村委会制度建设需要进一步完善。在许多地方,基层群众对村委会的信任程度不够,是客观存在的现实问题。

---

① 《浙江武义:"第三委"让村务监督更到位》,《人民日报》2005 年 5 月 18 日第 10 版。

案例一:原来干群矛盾突出的武义县后陈村,自从成立村务监督委员会后,村里大小建设项目都得招投标,重大事项必须听证。通过公开招投标,有效节约了村公共建设费用的支出,增加了村集体土地承包款等收益;通过村务监督委员会跟踪监管,提高了村公共建设工程质量;通过账务审核,有效杜绝了各种不合理的开支,村里年招待费明显下降。现在,后陈村的各项租金年固定收入就可达 230 多万元。村民人均年收入从 2004 年的 4100 元上升至 6000 元左右;村民年终分红从过去的没有到现在的 1200 元,60 岁以上的老人每年还能获得 500 元的养老金。据统计,6 年来,后陈村的所有财务支出总额为 2405 万余元,而其中招待费只有 39 万余元,仅占所有支出的 1.6%。村里所有支出都必须通过村务监督委员会的监督,几年下来全村 400 多万元。①

案例二:"以前村干部不做事,村民说你无能,想做点事,村民又说你想捞好处。现在干群关系和谐了,改变了过去村干部与村民'乡亲不亲'的尴尬局面。"后陈村村委会主任陈跃富说。过去,村集体经常性收入一年只有 5 万元,2005 年,村集体经常性收入达到 40 多万元,到 2006 年,光厂房出租收入就达 100 多万元,2010 年起,村集体年经常性收入都在 300 万元以上。10 年来,后陈村虽历经 4 届村组织、20 余名村干部的更替以及涉及 2000 多万元的村庄建设投入,但创造了连续 10 年村干部零违纪、村民零上访、工程零投诉、不合规支出零入账的"四零"纪录。②

---

① 王社民、徐首红、颜新文:《农村民主政治建设的有力抓手——浙江深入推进村务监督委员会建设纪实》,《中国检察》2011 年第 8 期。

② 《武义"后陈经验":村务监督大放光彩》,浙江省民政厅官方网站:http://mzt. zj. gov. cn/art/2015/5/13/art_1632728_31211738.html,2018 年 5 月 28 日访问。

三、河南中牟白沙镇"三会"制度

河南省中牟县白沙镇村组"三会"制度为当地基层群众提供了重要的政治参与平台。早在 2006 年,中牟县白沙镇就尝试建立了村组"三会"制度,所谓"三会",是指村民组委员会、村民监督委员会、联户代表大会。① 全镇每户家庭推选 1 名家庭代表,再由 10 名家庭代表推选 1 名联户代表,由此产生了 1 万多名家庭代表和 1000 多名联户代表。按照10∶1的比例,在联户代表中推选村民监督员,组成村民监督委员会。每个村组的联户代表与村民组长共同组成村民组委员会。每月村联户代表定期召开代表大会,听取村两委月度工作报告和村民监督委员会的财务收支通报,审议表决村内重大事项。联户代表大会的相关决议由村委会负责执行。通过"三会"制度体系,白沙镇的基层群众获得了更方便直接的利益诉求和表达自身意愿的机会。尤其是借助联户代表大会,基层群众真正享有了重大事项的参与权。

四、本地居民当中的精英群体和边缘群体

精英群体在本地居民中起着关键作用。当然,根据每个地方的实际情况不同,精英群体的所指也不一样。作为一个相对的概念,精英群体在每个地方都不同程度地存在。就一般情况而言,精英群体首先包括居住在本地的在职或者已经退休的党政机关干部、事业单位干部、知识分子以及一些企业高管、私营企业主等,他们因拥有相对丰富的政治、文化、经济资源而具有一定的威望。如果进一步扩大,精英群体还

---

① 《中牟县白沙镇村组"三会"创出和谐农村》,河南省人民政府官方网站:http://www.henan. gov. cn/ztzl/system/2008/07/04/010081543. shtml,2018 年 5 月 26 日访问。

可以包括当地公共事务中的活跃分子,他们热衷公共事务和公益事业,在基层群众当中具有较高的知名度和认可度。具体到农村地区,精英群体还包括家族和宗族当中的德高望重者。

本地居民当中的边缘群体是一部分特殊群体,主要包括城市当中的失业人群、残障人士、孤寡老人以及农村中的个别困难户、独居户等。在基层社会治理格局中,边缘群体是非常容易被遗忘的。一旦这部分群体的利益诉求被忽视,很容易导致其生活困难进一步加剧,更加游离于主流群体之外,某些个体甚至会成为社会不稳定因素。协商民主不以多数原则为唯一原则,很关注少数群体的利益诉求,这就给了边缘群体参与协商、表达利益诉求的机会。

第二节　外来人员

我国城市化进程导致的大规模人口流动,深刻改变着我国的社会人口结构和人口分布,也给我国的基层协商带来影响。对于很多能够在输入地获得户籍或者购买房产的外来人员而言,参与基层协商的难度较小。但是对于大多数没有在输入地获得户籍或者购买房产的外来人员而言,参与基层协商面临各种各样的困难,导致其参与程度较低。

一、北京朝阳区"党政群共商共治工程"

北京市朝阳区带有鲜明的多元特点,面积大、外来人口多,社会治理难度大。为有效应对辖区人口多元化所导致的社会治理难的问题,从 2013 年开始,朝阳区探索实行党政群共商共治工程。首先,在区里设立党政群共商共治工程领导小组,在各个街道、乡镇、村、居设置党政群共商共治工程议事协商平台。其次,制定《关于开展党政群共商共治工程的方案》《党政群共商共治工程操作手册》等文件,在区、乡镇(街道)、村(居)三个层次规范党政群共商共治工作流程。再次,将推进工作详细划分为"问政季""解忧季""收获季"三个阶段。最后,加强政务透明度,将党政群共商共治纳入考核范围,确保项目落实。从这几年的实施情况来看,朝阳区的基层协商实践效果明显,不仅化解了基层社会矛盾纠纷,维护了社会和谐稳定,而且促进了政府职能的有效转变,促进了基层党员干部的作风转变,改善了党群、干群关系。2014 年,朝阳区党政群共商共治工程被民政部认定为"2013 年度中国社区治理十大创新成果",获得了广泛认可。

案例:麦子店街区位于北京核心商务区的延长线上,是北京的第三使馆区,6.8 平方公里的辖区内居住着来自 93 个国家和地区的居民。在麦子店街道居住的居民不仅有老旧小区居民,还有普通白领、企业高管、外籍居民等。"人员组成很多元,居民层次多样,需求多样,是麦子店街道居民的特点",麦子店街道办事处主任李艳梅这样说。路边的路灯怎么维修、小区的垃圾怎么收纳、楼道的杂物怎么清空……这样的问题看似很小,但是解决不好,甚至处理顺序不对,就会给居民的生活造成极大的困扰。

基层工作怎么做才能告别吃力不讨好的局面,真真正正让群众满意? 朝阳区麦子店街道办事处主任李艳梅告诉我们,要靠党政群共商共治听取居民意见,让居民成为社区的主人。自从街道组织的一年一度的居民代表问政大会开始对居民要解决的大事进行审议、表决,居民参与社区管理的积极性被彻底调动了起来,不仅仅是北京市民,一些常年居住在麦子店街道的外籍居民也积极地参与到了问政当中。居民修路灯、倒垃圾、晾衣服这样的"锅碗瓢盆"小问题都可以被集中解决,居民的生活更加便捷,幸福感增加,城市管理也更加精细。

在居民问政的过程当中,受益的不仅仅是居民,街道办事处也有了意外收获。"在共商共治的工作当中,我也感觉到街道的工作方式方法也发生了转变。原来觉得居民到办事处求着办事处干事,现在办事处的干部要走向居民,要倾听他们的心声,了解他们的需求,然后来为他们服务。"麦子店街道办事处主任李艳梅这样说。不仅如此,现在走进麦子店街道的办事大厅,迎接居民的都是一张张笑脸。李艳梅主任介绍说,这样的微笑服务也来源于党政群共商共治这项工作的开展。在问政工作开展的过程中,街道工作人员的服务方式、服务态度、服务作风都发生了改变,大家平时说的门难进、脸难看、事难办,在麦子店街道没有了踪影。①

二、福建厦门海沧区"微治理"模式

所谓"微治理",就是以小事为抓手,以生活为平台,以居民为主体,以参与为核心,让社区治理、民主参与内化为居民的一种生活习惯。② "微治理"模式兼顾到了外来人员的基层协商问题。海沧区为外来人口搭建服务平台,在社区成立新厦门综合服务体,为外来人员"自我服务、自我管理、自我教育、自我监督"提供载体,建立外来人员"同城市、同管理、同参与、同服务、同待遇"的五同服务理念和机制,

---

① 赵青、高星:《朝阳区麦子店街道践行党政群共商共治 破解十年顽疾》,人民网:http://bj. people. com. cn/n2/2016/0905/c82838 - 28951070. html,2018 年 6 月 1 日访问。

② 《基层协商民主典型案例选编》编写组:《基层协商民主典型案例选编》,人民出版社2015 年版,第 174 页。

努力促进外来人口参与到社区治理当中。

三、青海西宁城西区"微综合体"项目

随着城镇化建设的持续推进,很多城市新兴小区面临着基层党组织弱化、业主与物业矛盾多、邻里纠纷多、公共服务不到位等基层治理难题。城西区是西宁市近几年城市发展的"桥头堡",不可避免地面临着一系列城镇化进程中的社会治理难题。针对这些问题,自2019年夏天开始,城西区立足本区实际,尝试通过"微综合体"项目,推动治理与服务力量由社区向小区下沉。城西区的"微综合体"形式多样,既包括圆桌听证会,又包括居民说事点等。截至2020年初,城西区已经在全区组建了121个微综合体,覆盖405个小区,覆盖率超过50%。[①] 西宁市城西区的"微综合体"项目,为城镇化进程中的基层协商民主提供了重要思路,即不能随着城市的持续变"大"而忽视基层社会治理的"微"特征。随着城镇化进程的持续推进,很多城市处于不断扩展的过程中,但基层社会治理需要关注"微"事项,这些"微"事项直接关系到基层民众的切身利益,构成了基层民众舆情表达的主要内容。越是在城市扩展的过程中,越要关注基层社会治理的"最后一米",应通过解决"微"事项来构建良好的政民互动关系。

四、参与程度不高的外来务工人员

在城镇化和人口流动的社会背景下,很多城市社区和部分经济社会发展水平较高的农村社区都有一些外来务工人员。他们大多从

---

① 刘成友、贾丰丰:《西宁城西区建设"微综合体"化解小区矛盾纠纷 瞄准小院小楼 服务做细做优》,《人民日报》2020年1月2日第13版。

事体力劳动和专业水平不高的服务行业。外来务工人员虽没有当地户口,但属于当地的常住人口,部分人的子女和老人也随之而来并一起居住。

外来务工人员的出现是与我国改革开放以来的历史变迁紧密联系在一起的。换言之,改革开放为人口大量流动创造了条件。改革开放之前,城市居民基本以"单位人"的身份存在,农村居民被固定在土地上无法流动。城市与农村之间、不同的农村地区之间很少出现人口流动现象,个体的社会活动空间非常有限。改革开放以来,城市居民逐渐从"单位人"向"社会人"转变,大量农村剩余劳力走出农村,原来的人口流动限制被打破了。尤其是20世纪80年代末以来,我国的流动人口规模迅速扩大,目前,城乡之间、不同地域之间的人口流动已经非常普遍。贺雪峰认为,当前中国农村的巨变表现在各个方面,重要的有三个方面,即国家与农民关系的变化、农村社会基本结构的变化、价值层面的变化。[①] 毫无疑问,这一部分外来务工人员对农村巨变的感受最真切,受到的影响也最直接。

数以亿计的外来务工人员已经成为我国社会结构和人口结构当中的重要组成部分,也是基层协商必须考虑的重要群体。但从全国的整体情况而言,外来务工人员的基层协商参与度不容乐观。一方面,他们离开人口输出地之后就不太可能经常回到输出地参与基层协商,毕竟时间和交通成本不可忽视。从实践情况来看,这一部分人在输出地面临重大事项协商时还是倾向于回去,但如果是一般性社会事务或者是与自身利益无关的事务,他们往往选择不回去。另一

---

① 贺雪峰:华中科技大学中国乡村治理研究中心编著《回乡记——我们眼中的流动中国》,中信出版社2018年版,序。

方面，他们中的大多数人没有在输入地获得户籍或者购买房产，是很容易被常住地的基层协商忽视掉的一部分人。随着城市化进程的持续推进以及人们维权意识和参与意识的不断增强，外来务工人员参与基层协商的问题将越来越凸显。

第三节　企业、人民团体、社会组织

在基层协商的实践中，企业、人民团体、社会组织等的作用往往容易被忽视，但事实上，它们在基层协商中扮演着非常重要的角色。随着基层协商的持续推进，不管城市还是农村，都会越来越重视它们在基层协商中不可忽视的作用。

一、北京海淀曙光街道"四方议事会"制度

曙光街道成立于 2004 年底，具有流动人口多，常住人口受教育水平高、收入高、服务要求高、维权意识强等特点。为有效应对基层社会治理难题，曙光街道尝试"四方议事会"制度。所谓"四方"，是指社区党支部、居委会、物业公司、业主委员会。遇到涉及多方利益的公共事务，就通过"四方议事会"的形式进行沟通，共同商议解决办法。"四方议事会"制度实行十多年来，获得了当地居民的充分肯定，解决了很多社区涉及居民切身利益的实际问题。在城市社区中，物业公司是一个非常重要的主体，很多社区公共事务的妥善处理都离不开物业公司的积极配合。而在现实生活中，物业公司与业主之间的矛盾纠纷却并不鲜见，很多时候，物业公司也需要业主的理解与支持。"四方议事会"恰恰能够为物业公司参与公共事务治理提供难得的平

台,借助此平台,党支部、居委会、物业公司与业主委员会共享信息、彼此沟通,共同致力于公共事务问题的妥善解决。这样既能够通过解决实际民生问题赢得居民的信任,也能够让业主充分看到物业公司为社区所做的努力,提升物业公司的公信力。

案例:在世纪城西区的中心地带,有一个起着重要装饰和美化作用的人工湖,湖水荡漾时,总会吸引大批的居民散步休闲。可居民入住后却发现,这个人工湖的水质实在不怎么好,由于每次将湖水蓄满需要六七吨清水,为了节约资源,物业公司一个月才换一次水。到了月底,湖水早已混浊不堪,湖边更是蚊蝇成群,严重影响了社区居民的正常生活。为此,居民三天两头找居委会和业主委员会,意见非常大。为了解决这个难题,世纪城的"四方会议"再次召开,经过四方共同商议,最后决定由物业公司出资、其他部门协助,在人工湖中安装一个先进的水循环泵设备。利用这个设备,可以随时对湖水进行过滤、充氧,让"死"的湖水"活"起来。这不仅解决了湖水变质的问题,而且还减少了换水的次数,节约了资源。现在,世纪城西区人工湖里饲养的金鱼,都已经繁殖了第三代。世纪城小区西区业主委员会常务副主任范子虚老先生谈到此事时,深有感慨:"这次改造的结果业主们满意,物业公司也没意见,真是两全其美。要不是'四方机制',事情肯定不会这么容易解决。"①

---

① 李松、黄洁、梁桥:《物业出了问题　四方坐下来谈》,《法制日报》2007 年 8 月 4 日第 2版。

二、天津滨海新区华云园社区"四位一体"管理模式

与北京市海淀区曙光街道的"四方议事会"制度非常类似，天津市滨海新区华云园社区创设了"四位一体"管理模式。所谓"四位一体"，是指社区党支部、居委会、物业公司、业主委员会共同参与到社区公共事务治理当中，通过协商的方式解决实际问题。其中，社区党支部起到核心领导作用，负责协调各方之间的关系；居委会负责社区事务日常管理；物业公司是服务型企业，负责解决社区内的各种物业问题；业主委员会是业主们通过民主方式选举产生的民间组织，维护业主们的合法权益，负责监督和评价物业公司的各项工作。华云园社区的"四位一体"管理模式，是由居委会牵头召开联席会议，原则上每月召开一次，遇到紧急情况也可以召开临时会议。通过"四位一体"的管理模式，业主们参与小区公共事务治理的积极性被激发出来，物业公司为社区做的各项工作也呈现出来，该模式获得了各方普遍认可。

值得注意的是，"四位一体"管理模式很好地理顺了业主委员会与物业公司之间的关系。随着我国城镇化进程的持续推进，业主委员会的地位及其与物业公司之间的关系问题越来越凸显。在实际的基层社会治理中，由于业主委员会定位不清，导致其与物业公司之间的关系模糊，进而产生了不少矛盾。针对此类问题，很多地方探索新治理模式。北京市海淀区曙光街道"四方议事会"制度、天津滨海新区华云园社区"四位一体"管理模式，都为协调业主委员会与物业公司之间的关系提供了重要参考。

三、内蒙古乌海市巴音赛街道"三方例会直通车"制度

2011年,内蒙古乌海市巴音赛街道景博小区的业主与物业公司发生严重分歧,物业公司最后选择退出该小区。巴音赛街道部分社区的业主与物业公司之间的分歧由来已久,一方面,业主感觉物业公司收费较高但所做的工作很少,有很多问题拖着不解决;另一方面,物业公司觉得房地产开放商遗留的很多问题不属于自己的职能范围,部分业主以不交物业费的形式表示抗议,影响了公司的正常运转。针对景博小区遇到的业主与物业公司之间的分歧,巴音赛街道决定尝试"三方例会直通车"制度。所谓"三方",指的是社区党支部和居委会作为一方,物业公司作为一方,业主委员会作为一方,三方针对社区公共事务和物业费征收等问题展开平等协商,共同解决问题。协商会议包括三种,一是年度例会,即由街道办召集三方参加的年度会议;二是月度例会,即三方每两个月召开一次的会议;三是紧急会议,即遇到紧急问题时,由三方临时召开的会议。后来的实践证明,"三方例会直通车"解决了业主与物业公司之间的信息不对称和彼此不信任的问题,双方在党支部和居委会的协调下,借助直通车平台开诚布公地发表意见,共同想办法解决问题,取得了很好的效果。

案例:王改梅在走访九网格景博小区时,发现居民怨声载道。原来居民、物业双方互不满意,导致物业撤走,小区环境脏乱差。她与社区两委商量后,决定试行社区、业主委员会、物业公司"三方例会直通车"的模式接管小区。这一想法得到了百姓的理解和支持,随后成立了新的业主委员会,在居民中培养成立了一家新物业公司,制订了"重服务,轻盈利"的服务章程。运行一年后,小区环境大变样,物业

费由原先缴纳不足 30% 提升到 95%。这种新的物业管理模式得到了乌海市、区两级有关部门的高度认可，并在全市推广。①

四、江苏南京的社区"议事园"制度

2000 年，江苏省南京市鼓楼区的工人新村社区创设了社区"议事园"制度。到了 2001 年，鼓楼区向辖区内的 10 个街道发出了开设社区"议事园"的建议，得到了积极响应。后来，该制度逐渐在全区、全市推广，并衍生了党员议事园、农民议事园等其他形式。所谓社区"议事园"，是以议事会、议事栏、议事箱等为载体的社区治理形式。南京市的社区"议事园"制度之所以产生，有其特定的历史和社会背景。20 世纪 90 年代，随着我国经济社会的快速发展和急剧变革，城市社会在由单位制转向社区制，城市人在由"单位人"转向"社会人"的过程中，产生了一些问题。例如，居委会过分依赖街道，行政性较强，一些下岗职工短时间内无法找到合适的工作，对社区治安构成了潜在威胁，给居委会造成了巨大压力。在此背景下，社区"议事园"应运而生，它能够解决很多社区问题，为居委会分担压力。需要注意的是，农村议事主要是由本地村民参加，而城市社区中的议事涉及很多企业、人民团体甚至社会组织，所以参加的主体更加多元。如在下文的案例中，就涉及中山陵园管理局、南京电影机械厂、锁金村街道洁安序公司等单位，它们也是不可或缺的舆情表达主体。

案例：紫鑫城社区岗子村 63 号小区是一个老小区，小区内有一棵梧桐树，周围是高压电线。梧桐树根部泥土变松，树干严重倾斜，随

---

① 于海东：《时刻见到群众心里才踏实——记党的十九大代表、乌海市乌达区巴音赛街道办事处副主任王改梅》，《内蒙古日报》2017 年 10 月 2 日第 2 版。

时都会倾倒,存在严重的安全隐患。该树的管理权限较为特殊,隶属中山陵园管理局,而此小区的产权属于南京电影机械厂,物业由锁金村街道洁安序公司负责。要有效解决此问题,必须由上述单位共同出面。2013 年 5 月 12 日,社区经多方协调、多次联系,邀请上述三家单位负责人,并召集该小区居民代表,在社区二楼议事园开会,共同商讨、研究解决这一问题的办法。会上,社区王莺主任将此梧桐树的相关情况向大家进行了通报,大家前往现场进行察看,反复论证。单位负责人、居民代表献计献策,共同商讨解决此问题的办法。最后,中山陵园管理局同意,由锁金村街道出面邀请南京市园林管理局将此树砍除。2013 年 5 月 23 日上午,南京市园林管理局派工作人员将梧桐树顺利清除,排除了险情,受到了居民的好评。①

五、湖北武汉汉阳区"社区对话"机制

湖北省武汉市汉阳区的"社区对话"机制缘起于 2003 年的一次协商探索。当时,桥一社区自行车棚改造引起分歧,支持方和反对方始终无法达成一致意见。《楚天金报》了解相关情况后,征得区委区政府同意,邀请了区委区政府相关部门与 20 名居民代表进行现场对话,最终达成一致意见。受此案例启发,汉阳区逐渐建立健全"社区对话"机制,而且将此机制向治安、就业、医疗等其他领域推广。目前,"社区对话"机制的主要做法是,以社区为单位组建民情联络员队伍,将需要协商的公共事务细分为三类,形成区、街道、社区三级对话机制,按照选题定事、调研明事、对话议事、落实办事、群众评事、整理

---

① 《紫鑫城社区利用社区"议事园"消除小区安全隐患》,南京市人民政府官网:http://www.nanjing.gov.cn/xxgk/qzf/xwq/xwqrmzfsjcbsc/201310/t20131031_2017851.html,2018 年 6 月 1 日访问。

归档等步骤进行。社区对话机制很多时候会涉及企业、人民团体、社会组织，因此它们也是重要的协商主体。

案例：2004年12月5日，离过年还有两个多月，汉阳区的有关领导已在考虑如何帮农民工追薪的问题。上午，在汉阳区劳动局举行的"清欠农民工工资"社区对话会上，该区区长李诗伟要求第一个发言。"为农民工讨工钱这件事，年年讨，年年有，有人似乎已经熟视无睹，但这绝非小事。"李诗伟表示，从这件事上，可洞窥地方政府是否遵照了中央有关精神，多大程度上提高了执政能力，维护了农民工的合法权益。这也是当前构建和谐社会的大事。"近年，我省、市劳动部门也采取了相关措施，但还需继续加大监管力度。"李诗伟承诺，在汉阳区的外来务工者，如果遭遇拖欠工资，劳动部门将及时提供援助。上午9时30分，6个农民工代表先后来到会场"领"工资。来自咸宁的周遂银，第一个从区长李诗伟手中领回了3297.18元血汗钱。2003年，周遂银在汉阳区一家建筑单位务工后被拖欠工资，自己一直讨要无果。不久前，他向汉阳区劳动部门投诉。上周，周遂银得知，劳动部门已为他追回了工钱。随后，另5名农民工依次从李诗伟区长手中领回了被拖欠的工钱。据介绍，此次发放的工钱共1.5万余元。①

六、基层协商中的社会组织参与

就目前的基层协商实践而言，社会组织在基层协商中的作用还没有充分体现出来。这既有我国社会组织发展滞后的原因，又与部分地方政府不重视社会组织有关。地方党委政府应转变对社会组织

---

① 包东喜、柯锐：《"社区对话"为民工追薪 汉阳现场兑现1.5万工钱》，荆楚网：http://www.cnhubei.com/200412/ca626296.htm，2018年6月1日访问。

的固有认识,明确社会组织在推进基层协商中的积极作用,给予其必要的发展空间。应积极鼓励社会组织参与到基层协商的具体过程当中,充分发挥其相对独立、专业性较强、被认可度较高等优势,尤其要注重发挥社会组织在基层福利、社区服务、困难群体救助等方面的积极作用。

第四节 专家学者和大众媒体

在我国的基层协商实践中,专家学者和大众传媒的作用往往被忽视。这与基层协商产生的时间段和背景有关,即我国的基层协商大多出现在 20 世纪 90 年代,到 2012 年党的十八大进入快速发展阶段。从 20 世纪 90 年代末到 2012 年之前,多数基层协商是地方党委政府结合当地实际情况和问题自下而上探索的。而在同一时期,国内研究协商民主的专家学者还是以理论探讨为主,对基层协商实务方面的研究相对较少,这就导致基层协商实践与专家学者研究之间没有出现大规模的相互助力。同样,在 2012 年党的十八大之前,大众传媒对基层协商的关注度也相对不够,即使关注,关注者多数是省、市、县级的主流媒体。党的十八大之后,基层协商实践与专家学者、大众传媒之间的相互需要越来越迫切。理想中的基层协商,应有专家学者和大众传媒参与其中并发挥重要推动作用。

一、作为理论推介者和实践指导者的专家学者

协商民主研究已经成为近些年政治学、管理学等相关学科的热门领域。

协商民主的具体发展：对全国多地探索基层协商民主工作主要案例的调研

专家学者更多是出于研究需要关注、考察、分析基层协商，而不是直接参与到基层协商当中，专家学者真正作为舆情表达主体的情况还相对较少。专家学者在基层协商中的主要作用是理论推介。在温岭民主恳谈会的发展过程中，专家学者的作用就非常明显，这也成为温岭民主恳谈会的一大特色。2002年8月、2004年11月、2009年9月、2010年7月，温岭市委市政府、浙江大学、中国社会科学院等共同开展了四次学术探讨会，这些学术活动的举办以及相关学术论文的陆续发表，大大提升了温岭民主恳谈会的理论高度，增强了其在国内外学术界的影响力。直到现在，仍有众多专家学者高度关注温岭民主恳谈会，尤其在每年初的基层人大开会期间，都会有专家学者赴温岭实地考察。

当然，也有一部分专家学者在基层协商中扮演了实践指导者的角色。还是以温岭民主恳谈会为例，正是在政治学专家学者的建议下，温岭将民主恳谈会与基层人大工作结合，探索出了参与式公共预算改革，进一步深化了民主恳谈会。① 典型案例还有清华大学社会学系李强教授与北京市基层政府合作开展的"清河实验"。为区别于1928年燕京大学社会学家杨开道、许世廉曾经组织过的清河实验，李强教授主持的这次实验被称为新清河实验。2014年2月，新清河实验课题组正式建立;2015年1月，清河街道阳光社区居民议事委员会正式成立;2016年底，新清河实验课题组介入市级老旧小区综合改造项目，这标志着新清河实验进入新阶段。但从全国范围来看，类似于温岭民主恳谈会和新清河实验的案例仍然较少，专家学者在基层协

---

① 程同顺、邝利芬:《温岭民主恳谈的意义及局限》,《重庆社会主义学院学报》2014年第2期。

商中起到实践指导者作用的比例过小。

二、大众传媒的政治功能

从长时段的历史来看,大众传媒在民主政治的发展过程中一直发挥着重要作用,到了近现代以来的民主政治发展阶段,大众传媒的作用就更加明显。在一定意义上说,近现代意义上的民主政治与大众传媒是共生关系,即民主政治促进了大众传媒的发展,而大众传媒又为民主政治提供了必要的渠道和舞台。大众传媒的政治功能可以从以下几个方面进行理解。

其一,大众媒体具有信息传递功能。近现代意义上的民主政治离不开信息的广泛传播,实际上,以报纸、印刷品为代表的传统大众传媒曾在民主政治的发展历程中扮演重要角色。

其二,大众传媒具有议程设置功能。大众传媒能够对大众和政治产生实质影响的重要表现之一就是其具有议程设置能力。通过信息筛选和先后排序,大众传媒能够有效设置舆论主题,进而对舆情进行引导。

其三,大众传媒具有沟通协商功能。大众传媒能够成为社会个体之间信息交流的平台和渠道,尤其是在传统媒体时代,陌生个体之间的交流、交往很多时候需要借助大众传媒的力量。

其四,大众传媒具有舆论监督功能。在中国,舆论监督是一种重要的监督形式,而大众传媒在其中扮演着不可或缺的角色。

其五,大众传媒具有利益整合功能。大众传媒承担着交流平台的作用,在此平台上,不同社会阶层的利益诉求都可以表达出来。各种诉求通过此平台进行交流,最终有可能实现利益整合。

正是由于上述政治功能的存在,对于协商民主来说,大众传媒意义重大。当然,这并不是说协商民主的发展全部依靠大众传媒来实现,也并不意味着没有大众传媒的发展,协商民主就推进不下去。协商民主与大众传媒在现阶段的中国,应该是彼此依靠、相互促进的关系。对于大众传媒来说,协商民主的发展有利于其更好地服务社会和人民;对于协商民主来说,大众传媒的支持和帮助有利于其更加健康地发展。

三、移动互联网时代的基层协商与大众传媒

城市化与信息化是当今中国社会变革的两大方面,对经济社会各方面产生了深远的影响。其中,信息化特别是近几年移动互联网的迅速发展,对基层协商的影响非常明显。人们获取信息、交往交流、发表意见的平台和方式越来越多元、多样。传统媒体时代单向度的信息传输已经变为移动互联网时代的多向度信息交流,同时,传统媒体时代自上而下的信息传输已经变为移动互联网时代的对平等交流和信息对称的追求。在移动互联网时代背景下的基层协商,无论是舆情表达的主体还是舆情表达的方式和内容,都在客观上深受移动互联网影响。缺少了移动互联网平台,基层协商将很容易脱离现阶段的实际情况。尤其是党的十八大以来,我国移动互联网及其伴生的新技术、新领域、新业态迅猛发展,构成了稳步推进基层协商时不得不重点考虑的因素。要想在移动互联网时代发展基层协商,就必须处理好基层协商与大众传媒的关系,充分利用移动互联网时代大众传媒的有利因素,消除不利因素,真正发挥大众传媒应有的作用。在移动互联网时代,大众传媒对基层协商的影响主要体现在以下几个方面。

其一,大众传媒能够为基层协商提供成本较低的技术平台。基

层协商的前提是协商的渠道或者平台,缺少了渠道和平台,基层协商不可能有效推广。单纯依靠党委、政府构建渠道和平台是不现实的,毕竟对于地方政府而言,在广大的城乡基层建立系统的协商渠道和平台,需要耗费巨大的财力、物力和人力。大众传媒是影响最广泛、最深刻的政治社会化途径,尤其是随着网络时代的来临,大众媒介能够为基层协商提供成本相对较低的技术平台。

其二,大众传媒能够为基层协商提供灵活务实的传播方式。基层协商的参与者是多元的,客观上要求传播方式必须灵活多样。基层协商所要解决的问题是现实的,客观上要求传播方式必须务实有效。单纯依靠党委、政府的力量,要想实现传播方式的灵活与务实,将会遇到较大的挑战。大众传媒更容易贴近基层群众、贴近生活、贴近实际。创新传播方式,使用群众和网民语言,更容易获得参与者的认同。

其三,大众传媒能够为基层协商注入新的发展活力。网络技术尤其是近几年移动互联网的迅猛发展,丰富了个体之间、个体与公共权力部门之间的沟通渠道,为政府信息和舆情之间的双向流动提供了便捷的渠道,打破了基层协商在空间、时间上的束缚和限制。微信、微博等社交媒体软件的广泛应用,既为基层群众提供了获取各类信息的平台,也为政府部门提供了了解网络舆情的渠道。在此意义上,移动互联网时代的大众传媒能够为基层协商注入新的发展活力,促进基层协商的进一步发展。

第三章　基层协商中的舆情表达内容

基层协商中的舆情表达内容也就是基层协商的具体事项。基层事务千差万别，需要协调的利益关系也非常复杂，哪些事务应该被纳入协商范围，哪些不应该被纳入协商范围，必须有明确的原则。现实紧迫性是第一原则，即协商事项必须是近期不得不解决或者早晚都要解决的公共事务。同时，基层协商还应该坚持利益多元原则，即协商事项牵涉的利益主体较多，牵涉利益主体过于单一的事务可以通过一对一的方式解决，不需要纳入协商范围。基层协商还应该坚持可操作性原则，即基层协商在达成共识之后可以付诸实践，否则将对基层协商的公信力造成消极影响。本章结合现实案例，分门别类地论述基层协商中的舆情表达内容。

第一节　涉及地方整体利益的重大事项

涉及地方整体利益的重大事项是基层协商中舆情表达的重要内容。这里所说的重大事项，一般包括涉及地方整体利益的公共设施建设、拆迁改造、环境综合整治等重大事项以及企事业单位涉及职工切身利益的改制、改革等问题。各地基层协商大多都会涉及重大事项,而且与其他协商事项相比,重大事项一般具有优先性。

一、河南邓州"四议两公开"治理模式

基层协商必须建立在充分的信息公开和严谨的决策程序基础之上。2004 年,河南省邓州市就首创了"四议两公开"治理模式,并将这一模式逐渐推广到河南全省。如今,该模式已经在全国陆续推广。"四议两公开"又被称为"4 + 2 工作法",就是指村里面的大事、要事都必须经过党支部提议、村两委会商议、党员大会审议、村民会议或者村民代表会议决议,决议要公开,实施结果也要公开。其中,"四议"主要是指村务要事的决策过程,"两公开"主要是指村务信息的透明化。邓州市还建立健全联系户制度,即每名党员联系 5 至 10 户重点农户,村民代表联系推选自己的农户,把基层群众所思所想收集上来,及时给村两会提供议题。通过建立联系户制度,村两委很好地解决了"四议两公开"的信息来源问题,能够及时把基层群众的意见、建议转化为村务决策内容。

案例一:2012 年 1 月,朱营村支委会提议集资兴建朱营村敬老院,从支委会提议,到两委会商议、党员大会审议、村民代表会议决议,一路绿灯,连一句闲话都没有。"支委会提议的,正是群众心里想的,咋会不一致通过呢?"朱道强说。9 月 11 日,记者走进朱营村敬老院。24 间平房窗明几净,独家小院幽静温馨,电视机、饮水机等生活用具一应俱全,10 多名老人在这里悠闲聊天,满脸的笑容让人陶醉。①

---

① 《把事儿办成群众"心里想"——邓州市十年不懈推进提升"四议两公开"纪实》,《河南日报》2014 年 9 月 14 日第 1 版。

案例二:南水北调移民迁安,是"四议两公开"工作法的又一次成功实践。在这次移民搬迁中,邓州市共安置移民30345人,约占河南省安置总量的五分之一。让移民代表参与到运用"四议两公开"工作法调整土地、建设移民村的全过程,参与审议、决议,使双方在协商中互相谅解,达成共识,迅速完成土地调整接收和移民村建设工作。①

二、青海海东柳湾村"三议一表决,两公开一监督"工作法

新农村建设之初,为有效应对经济社会发展中面临的现实难题,青海省海东市乐都区柳湾村创设了"三议一表决,两公开一监督"工作法,取得了很好的实际效果。所谓"三议一表决",就是指村党支部提议,村两委商议,党员大会审议,村民会议或其他代表会议表决。所谓"两公开一监督",就是村民会议或其代表会议形成的表决结果要公开,执行落实的情况要公开,村民、村党支部和乡镇党委对村两委成员和村里党员发挥作用情况进行监督。该工作法不仅理顺了村两委之间的关系,明确了村党支部在村务工作中的领导核心地位和村干部的职责权限,而且充分调动了基层群众的参与积极性,推动了柳湾村的经济发展。

案例:柳湾村运用"三议一表决,两公开一监督"工作法,顺利完成了创建省级党建示范村、海东地区新农村建设示范村等各个项目,每一个项目的成功实施都是对柳湾村"三议一表决,两公开一监督"工作法的最好诠释。硬化村庄道路共13.8公里、分户修建无害化卫

---

① 《东风吹开花千树——邓州市持续深化"四议两公开"工作法综述》,《南阳日报》2014年4月25日第A3版。

生厕所274个、改造危房29户、新建2万平方米的水库1个,这些数字背后都是惠民利民的好项目,都得益于"三议一表决,两公开一监督"工作法,它可以把群众的首创精神激发出来形成决策,并通过实施再回到群众中去,真正体现了从群众中来到群众中去的群众路线教育,为推进农村改革发展提供了强大合力。[①]

三、安徽南陵县"三会四自一平台"制度

长期以来,我国农村的公共建设一直沿用政府"自上而下"模式,行政色彩过浓,易滋生寻租性腐败,极个别的甚至建成豆腐渣工程。针对这一问题,安徽省芜湖市南陵县探索实行"三会四自一平台"制度。"三会"就是指村民议事会、项目理事会、项目监事会,"四自"就是指公共建设项目由基层群众自选、自建、自管、自用,"一平台"就是资源整合平台。具体运行机制是:村党支部起到核心领导作用,在其领导下,村民代表大会推选产生"三会",村民议事会在农村公共建设项目上负责议事,项目理事会负责干事,项目监事会负责全程监督理事会工作。截至2016年3月,南陵县新增、改善农田灌溉面积9066万平方米,有效灌溉面积达88%;新建乡村公路168公里;重点整治美好乡村中心村34个,受益群众10万余人,约占全县农业从业人员的54%;工程通过民建、民管创造了就业岗位,仅在美好乡村建设中,就吸引本地就业群众1000余人。[②]南陵县的"三会四自一平台"制度改革,产生了明显的社会经济效益。同时,南陵县还为广大农村地区进行公共建设探索出一条新的道路。

---

①　李娟:《乡村治理中的协商民主实践研究——基于乐都区村民议事制的考察》,青海民族大学2017年硕士学位论文,第27页。

②　孟祥夫:《既"当家作主"又"管钱管事"》,《人民日报》2016年3月30日第19版。

协商民主的具体发展：对全国多地探索基层协商民主工作主要案例的调研

　　案例一：家发镇联三村党总支书记阮凤玉一直是乡亲们眼中的"能人"。但在美好乡村建设中，"能人"也陷入了困境。"美好乡村建设谈到项目申报，村民都抢着要；但真要轮到筹资筹劳、征迁补偿，芝麻大的利益一个都不能少；有时项目规划推进时，干部做主多，群众参与少，最后往往吃力不讨好。"谈到曾经的工作，阮凤玉大倒苦水。而在村民眼中，村干部则是另外一个样子：村部牌子多，干部下来少；帽子不大，架子不小；有事找村干部，还得往三楼、四楼跑。针对如何防范村干部脱离群众，如何治愈村干部的"衙门病"，避免"出力不讨好、工程建不好、群众不满意"的问题发生，在美好乡村建设中，南陵县探索在村两委领导下，以村民议事会、项目理事会和项目监事会"三会"为平台的"两委三会制"，即在"四议两公开工作法"的基础上，建立村民议事会，参与项目决策；成立项目理事会，负责项目执行；组建项目监事会，全程监督，保障项目建设有序推进。"多栽树少种草，大广场不能要，大拆大建不能搞，乡村就要有乡村的味道！"这些来自民间的智慧，为项目决策提供了有益的参考。也正因为有了科学的会务议事规则，让村民们有了充分表达的自由，找到了当家作主的感觉。"有了村民议事会，避免了'一言堂'；有了项目理事会，远离了'豆腐渣'；有了项目监事会，防止了'灯下黑'。"①

　　案例二：许镇镇马仁村联合组的田地由于地块小、地势落差大、沟渠不畅，不但机械化作业不便，还易遭自然灾害，村民收益一直不高。就在万安村干渠治理工程启动的差不多同一时间，马仁村两委及议事会决定实施该村民组20万平方米农田整治项目，并选出了以老党员吴长河为会长的理事会。农渠干沟怎么疏通、生产道路怎么

---

　　① 　江琳、蒋丽达：《"红"底色护佑"绿"乡村》，《人民日报》2015年4月28日第18版。

规划、田平整到什么程度……一切都由理事会征求村民意见后商定。吴长河向记者介绍,项目建设时村民热情高涨:每天有好几十人上工,当时行情为130元一个工,而村民只要80元;小型工具都从家里自带,大型机械租赁、材料采购更是货比三家,选取质优价廉的,使项目资金每分钱都花在刀刃上。县财政将资金打入村专项资金账户,凭三人以上签字的票据报账,账目定期进行公示,村民可以随时查阅。"100万的项目资金计划整治20万平方米农田,最终整治了35万平方米农田,现在每亩农田能增产200多斤稻子。"吴长河满脸自豪地说。①

四、山东日照东港区"村务大事村民公决"制度

山东省日照市东港区的"村务大事村民公决"制度颇具代表性。早在1997年,东港区涛雒镇上元村就率先试行了村务公决制度,经过几年发展,逐渐形成了一套完整的、操作性强的村务决策制度。如今,该制度已经在整个东港区推广开来,并日趋完善。为保障该制度落到实处,当地还创设了"六权工作法",即通过各种体制机制保障党支部的决策组织权、全体村民的决策建议权、村民代表的决策表决权、全体村民的决策知情权、村委的决策执行权、村民的决策监督权。顾名思义,"村务大事村民公决"制度主要针对的是涉及地方整体利益的重大事项,如道路、水利基础设施建设、村庄整体搬迁等。这些重大事项涉及当地的每一位村民,从理论上讲,需要由每一位村民参与协商和决策,在实行村务大事村民公决制度之前,当地公共决策的

---

① 梅育辉、王波、姚军梅、刘光、赵云涛:《芜湖美好乡村建设百姓当"主演"政府当"助手"》,芜湖文明网:http://ahwh. wenming. cn/wmbb/201512/t20151208_2179145. shtml,2018年6月1日访问。

效果并不尽如人意,较难形成普遍认可的方案和共识。随着村务大事村民公决制度的实行,村务大事一次决策的正确率和基层群众满意度明显提升,党群、干群关系越来越融洽。

案例一:由于责任不明、看护不严、管理失控,涛雒镇大草坡村西岭、小横山一带树木遭到毁坏,生态环境恶化,经村两委拟订,并经全体党员大会、村务议事会和村民代表会议通过,决定将这一工作对外承包。2004年5月中旬,村里将写有承包目的、承包人、承包期限、承包费等内容的征求意见书分发给每户村民,村民们仔细阅读,然后分别在"同意"或者"不同意"栏中打上对号,并签上自己的姓名。村两委将收到的意见进行统计,结果"同意"的为100%,于是当年6月上旬与承包人签订了承包合同。①

案例二:这两天,大花崖村党支部书记邢茂珍正为硬化村内背街小巷的道路忙活着。根据镇里出台的"六权"工作法流程图,他已相继召开了两次村民代表会议,通过讨论,大家一致决定村集体出资60%、个人出资40%硬化道路,然后再招标。这样下来,不仅可以保证道路的质量,还能节省几万元钱。②

五、广东珠海金湾区的农村基层协商实践

赖育健调研发现,珠海市金湾区自2012年开展新农村建设以来,凡涉及全体村民利益的重大事项,都由村党组织提议,村两委会联席会议商议,民主听证,党员大会审议,村民代表大会决议,最后,由村

---

① 《涛雒镇村务大事村民公决》,大众网:http://www.dzwww.com/nongcundazhong/nongcunbaban/200407231012.htm,2018年5月28日访问。
② 《村务大事民主公决百姓声音是新农村建设的最强音》,中国经济网:http://www.ce.cn/cysc/agriculture/gdxw/200608/04/t20060804_8014127.shtml,2018年5月28日访问。

两委会组织实施并由村监会全程监督。① 金湾区的基层制度创新取得了明显成效,村里重大事项决策的科学性、合理性有了较大幅度的提升,基层群众对村两委的信任程度显著增加。

第二节　涉及群众切身利益的实际问题

涉及基层群众切身利益的实际问题,也是基层协商中舆情表达的重要内容。这一部分协商事项具有复杂多样、涉及面广的特点,在基层协商实践中占的比例较大。全国很多基层协商实践,也是从妥善处理涉及基层群众切身利益的实际问题开始的。

一、重庆市麻柳乡"八步工作法"

重庆市开县麻柳乡的"八步工作法",关注和解决涉及群众切身利益的实际问题。"八步工作法"从 1999 年开始实施,凡是涉及麻柳乡经济社会发展、财务预决算等事项都要经过八个程序。所谓"八步",即第一步,深入调查,收集民意;第二步,召开会议,初定方案;第三步,宣传发动,统一思想;第四步,民主讨论,确定方案,推选领导人选;第五步,户户签字,进行公决;第六步,分解工程,落实到户;第七步,由各村民小组组织实施;第八步,竣工结算,张榜公布,群众随时可以查账。其中,推选领导人选时,基层群众代表必须占 50% 以上,乡村干部只管事不管钱;进行公决时,赞同率必须达到 85% 以上才可

---

① 赖育健:《构建金湾区新农村协商民主治理模式》,《法制与社会》2017 年第 13 期。

实施。① 从"八步工作法"的实施情况来看,其解决的基本都是涉及群众切身利益的实际问题。

案例一:麻柳乡决定把修建双河口大桥、解决4个村4000多村民过河难的问题作为工作突破口。没想到遭到了群众抵制:"修桥是假,干部又想捞油水了。""风凉话"传达了群众的情绪,乡里很快调整了建桥领导小组,吸收4名群众代表担任会计、出纳、保管和质量监督等职,乡村干部只管办事不管钱物,建桥人员名单和建桥方案交给4个村村民公决。此举得到了95%的群众赞同。大桥竣工后,修桥开支向村民公示,结余的钱以平均每人9元4角退还村民。群众既意外又满意,心服口服。②

案例二:"八步工作法"实施的短短几年来,从根本上解决了山区群众多年来的行路难、饮水难、通话难、照明难、上学难、看病难等问题。麻柳乡党委、政府敢于从群众最不满意的地方改起,善于从群众最需要的事情办起。"现在的干部大家都喜欢,把他们当成自家人。因为'靠八步工作法',件件事都办到了老百姓的心坎上。"大碧村村民赵乐均如是说。2004年,乡党委、政府应用"八步工作法"组织群众、共谋发展,发动300余名党员,带领600多个农户,投资90多万元进行结构调整,培育畜牧支持产业。目前,长毛兔已发展10万只,建立起山羊良种繁殖场,实施滚动发展,极大地增加了农民收入。③

---

① 范伟国、范重:《"八步工作法"步步得民心　加强和改进基层思想政治工作①》,《人民日报》2004年7月5日第1版。

② 范伟国、范重:《"八步工作法"步步得民心　加强和改进基层思想政治工作①》,《人民日报》2004年7月5日第1版。

③ 唐洪英、魏爱云:《重庆开县麻柳乡构建和谐社会调研报告》,《人民论坛》2005年第2期。

二、湖北巴河镇"六步议事法"

与重庆市开县麻柳乡的"八步工作法"相类似,湖北省黄冈市浠水县巴河镇探索实行了"六步议事法"。根据马高戈的研究,巴河镇在推行基层协商前,社会治安堪忧,大量青壮年外出务工,中坚力量缺失,家族利益意识浓厚,基层民主建设滞缓,基层政府与群众存在利益纠纷。[①] 后来,巴河镇探索推行"六步议事法":第一步,收集民意;第二步,制定初步方案;第三步,民主协商;第四步,民主投票决议;第五步,追踪落实;第六步,公示结果。通过实行"六步议事法",当地涉及群众切身利益的实际问题得到了较好解决,巴河镇以往面临的各种社会问题明显缓解,党群、干群关系逐渐改善,村民的民主参与意识日益增强,社会治理水平显著提升。

不论是重庆麻柳乡的"八步工作法",还是湖北巴河镇的"六步议事法",都是地方党委、政府努力推进村务公开、民主决策的重要制度创新,也是基层协商的生动实践。通过方法创新,将民主落实到具体的协商过程当中,真正尊重了基层群众的意愿。

三、江西南昌市的村(社区)民主协商实践

2014 年,江西省南昌市印发了《关于推进基层协商民主试点工作的指导意见》,选择了 9 个村(社区)开展试点工作。在总结前期试点工作的基础上,南昌市逐渐在全市范围内稳步推进村(社区)民主协商工作。具体做法是,设立民情理事会,通过收集问题、拟定议题、议

---

① 马高戈:《改革开放以来我国中部农村地区协商民主实践发展研究——以湖北省黄冈市为例》,武汉纺织大学 2016 年硕士学位论文,第 19—22 页。

前调研、多方商议、公开结果、监督执行等环节,搜集基层群众的意见、建议和利益诉求,解决涉及群众切身利益的实际问题,进而赢得基层群众的信任。

案例一:2015 年 8 月 9 日下午,社区民主协商理事会(以下简称理事会)成员在社区 19 栋走访,该楼栋几户居民反映晾晒衣物极为不便,在 19 栋旁边有一处闲置空地,长期以来没有发挥任何作用,希望能够充分利用这块空地,增添晾衣架,解决群众晾衣难的问题。

此次协商,主要涉及光明社区居民,社区几位居民代表参加了协商会议。会上,成员们各抒己见,集思广益,制订方案。理事会成员刘云娟提出了预案:一、把 19 栋旁边闲置的空地进行重新整治,铺设水泥;二、请专业人员实地勘测,精心设计,搭建晾衣架;三、由于户外设施建设牵涉面广,详细情况、策划和预算要向南昌发电厂物业管理部门上报,请求相关部门批复和给予部分经费支持;四、预算开支由两方共出,即物业资助和居民集资。经过热烈讨论,最终达成协议:在物业的资助下,修建晾衣架,严格控制占地面积,科学规划衣架设计,保留部分活动场地供居民休息和锻炼,保证居民正常出行。经费问题上,物业同意资助总费用的三分之二,费用的三分之一由居民自主筹集。

物业第一时间按协商内容作出规划,迅速派专业人员现场勘查并设计出符合居民要求的晾衣架。理事会负责督促工作,晾衣架的搭建和选址方案全权交由居民自主商定。在多方协同努力下,居民晾衣难问题最终得到圆满解决,居民对理事会给予了高度评价:"多年的老大难问题终于解决了,以后晾晒衣服就方便了,社区民主协商理事会真是为居民办了一件大好事。点个赞!"①

　　案例二:某物业公司承担竹山村冯翊小区和金竹小区物业,因环境卫生管理不到位,服务态度较差,村民集体抵制交物业管理费。2015年3月,该物业公司迫于压力撤出小区,拖欠员工1至3月份工资。小区没有物业管理后,村民的生活受到严重影响,村民呼声很大,纷纷向村两委反映意见,村两委了解情况后,决定将该问题提交民情理事会协商解决。

　　民情理事会召集成员和村民代表们进行协商,提出初步解决方案:暂由村里垫付拖欠的员工工资,由村里牵头,尽快聘请新的物业公司管理小区。协商中,有的村民提出,有些物业公司责任心较差,管理不到位,环境卫生经常无法保障,服务态度还不好。民情理事会充分听取村民的意见后,经过协商,提出另一个解决方案,聘请村民为工作人员,由村民自己管理小区。参加协商会议的村民代表对两种解决方案充分发表意见,一部分支持聘请新的物业公司,认为物业公司管理专业,效果更好;另一部分支持村民自己管理,认为自己的人来管理,服务态度更好,村民也更加放心。

　　参会村民代表和民情理事会成员通过投票表决的方式,确定了最终解决方案:一是成立物业办公室,由村干部兼任物业办公室的干部,聘请村民自主管理小区;二是由村集体支付物业公司拖欠的员工工资;三是新聘请的员工工资及其他工作开支,暂时从村集体收入中支出,争取镇财政适当补贴,按相关程序决策,待物业管理初见成效后再协商物业管理费收取事宜。2015年5月,物业办公室成立。经

---

　　① 《东湖区彭家桥街道光明社区民主协商案例:民主协商解群众晾衣难题》,《江西日报》2016年2月26日第A3版。

过一段时间努力,村民普遍反映小区环境卫生有较大改善,物业管理人员服务态度也有改进,村民表示满意。①

四、安徽全椒县"村民理事会"

为助推美好乡村建设,从 2013 年开始,安徽省滁州市全椒县开始探索"村民理事会"制度。村民理事会一般由 10 人组成,其成员主要由村组干部、党员、村民代表、致富能手、种植大户等组成,以自愿报名和民主推荐的方式产生。村党组指导村民理事会组织村民从事美好乡村建设的各项工作,村民理事会配合村委会开展工作。自实施以来,该制度促进了乡村基础设施提升,改善了党群、干群关系,有力助推了美好乡村建设。

案例一:大季村石头山片区由石头山和徐代两个村民组组成,包括 120 多位村民。此次选举产生了 3 名村民理事会成员,62 岁的老党员孙福友就是其中之一。"我们熟悉情况、沟通方便,可就近处理事情。以前遇事就上交给村里,很容易激化矛盾。"孙福友告诉记者,石头山和徐代虽然靠得近,但水利灌溉条件差别较大,以往经常为抢水产生矛盾。如今成立了村民理事会,他和另外两名成员正在商量调节水源供应,保证两个村民组 30 多万平方米水稻公平灌溉。②

案例二:在道路建设、占地和青苗补偿、废弃物拆除、房屋改造等施工过程中和村民发生"小摩擦"时,分段包保的理事会成员会主动上前调和。对发生的大的诉求和矛盾纠纷,理事会和村两委共同研

---

① 《湾里区招贤镇竹山村民主协商案例:村民有了自己的物业公司》,《江西日报》2016 年 2 月 26 日第 A3 版。
② 罗宝:《全椒县大季村以村民组或自然村为基本单元,开展村民自治试点——选出理事会 村里更和谐》,《安徽日报》2017 年 8 月 3 日第 8 版。

究解决办法,化解矛盾,维护稳定。孙家村村民张一平在当地是个能人,也是个"刺儿头",平时总爱给村干部挑毛病,在新村建设前,村民理事会吸收张一平为成员,让他负责房屋征迁的事情,这下,他一下子有了主人翁的感觉,不仅不挑事了,而且认真细致地做其他农户的思想工作。以前村里搞建设都是村两委跟建设公司的事情,村民有意见也说不上话,觉得憋得慌。黄粟树村苗木大户周恒玉被选为村民理事会成员后,于去年冬天发现施工方按招标书规定在村里栽植香樟树,成活率低,他及时将情况反映给施工方,很快就改种了更耐寒的栾树,减少了损失。①

五、江西鹰潭"村民事务理事会"

在新农村建设进程中,为有效解决农村垃圾处置和环境卫生问题,从2008年开始,江西省鹰潭市探索实行"村民事务理事会"制度。截至2014年底,全市所有村庄都建立了"村民事务理事会"(以下简称理事会),实现了理事会的全覆盖。理事会成员由党支部推荐、群众表决、村民代表会议公选等方式产生。理事会实行"两议一表决"制度,即对于村里面的重大公共事务,先由村民提议,再由理事会商议,最后提交村民会议表决。同时,村里面还创设村务监督委员会,对村务、财务进行监督。自实行"村民事务理事会"制度以来,鹰潭市的农村社会管理和自然环境治理得到明显改善。

案例:村民事务理事会紧紧围绕"维护、办理、服务、管理"四项基本职能,在组织动员群众、协调上下关系、化解矛盾纠纷以及新农村建设等方面发挥了积极作用,农村各项工作呈现上下联动、良性互动

---

① 罗宝:《全椒村民理事会:理百家事 解百姓忧》,《安徽日报》2014年4月27日第3版。

的新局面。同时，理事会围绕中心工作，积极配合当地党委、政府做好土地征用、拆迁安置等工作，成为各级党政组织做好群众工作的"融合剂"和"润滑剂"，在工业化、城市化进程中发挥了应有作用。

理事会成员凭借在群众中有威望、办事公道正派的作风，积极调解村民矛盾纠纷，将不稳定因素消除在萌芽状态，干群、邻里关系明显改善，有效地消除了过激性、对抗性表达诉求的现象，全市农村呈现邻里和睦、村庄和谐的崭新风貌。余江县锦江镇九亭村委会通过全村党员理事的不懈努力，实现了多年无村组债务、无农户欠款、无税费拖欠、无土地抛荒、无上访事件、无治安刑事案件的"六无"奇迹，先后获得"全国民主法治示范村""全国先进基层党组织"等多项荣誉，成为全国建设农村和谐社会的典范。

积极引导理事会成员成为村民致富带头人，鼓励各村致富能手加入理事会，将优秀党员理事培养成村后备干部，形成了"党员干部带头，带领群众致富"的可喜局面。贵溪市樟坪乡太源畲族村党员理事按照"一村一品"的发展思路，建立了 2 万平方米苦丁茶基地和 24 万平方米苗木基地，创办了木竹深加工厂和小型水电站，带领村民走上了致富道路。

村民事务理事会作为群众的"主心骨"，具有很强的向心力、凝聚力，在带领群众开展生产自救、互帮互助等方面发挥了积极作用。2010 年 6 月中下旬，鹰潭市遭遇了一场特大洪涝灾害，许多村庄被洪水分割成一个个孤岛，与外界失去了联系。在紧要关头，理事会按照"就地、就近、就高"的原则，迅速组织群众转移到安全地带，动员群众村帮村、户帮户、邻帮邻渡过难关。洪灾期间，理事会全面排查险情，及时安全转移受困群众 2 万多名，积极协助发放救灾物资、妥善安排灾民生产生活,在重建家园的过程中发挥了重要作用。①

六、宁夏银川兴庆区"民主议政日"

为提高基层党员参与基层公共事务治理的积极性,从 2008 年开始,宁夏回族自治区银川市兴庆区在农村地区开展"民主议政日"活动。"民主议政日"原则上每月召开一次,村党支部负责搜集基层群众的意见建议,初步拟定议政日议题。村两委召开联席会议,对党支部初步拟定的议题进行审议,敲定议题并提前公示。民主议政日当天,村委会负责组织村民会议或者村民代表会议,对议题进行协商表决,半数同意即形成决议。民主议政日为基层群众参与基层公共决策提供了平台和机会,拓宽了基层群众政治参与的渠道,使决策科学合理。

案例:2014 年 8 月 25 日上午,兴庆区大新镇燕鸽村如期召开每月一次的民主议政日大会,64 名党员和村民代表齐聚一堂,开展民主议政活动。会上,村两委班子按照整改清单通报了班子专题组织生活会上提出的"党的政策措施传达不及时""个别巷道环境卫生存在死角""5 队村民邻里沟通少,平时是非多"等 7 个具体问题的整改落实情况,通报了民主评议党员先锋指数以及村委会上半年财务收支情况,并逐一提交与会党员和群众代表进行评议,提出改进意见。同时,把党员评星、定格、争先锋与民风建设结合起来,对照"爱党爱国、遵纪守法、勤劳致富、家庭和睦、邻里团结"等十项标准,组织评选了"十星级文明户"。以"赡养父母、邻里团结、环境卫生"等为主要内

---

① 熊茂平、楼中梁:《创新社会管理 延伸工作手臂:江西省鹰潭市推进村民事务理事会建设》,《学习时报》2012 年 10 月 8 日第 11 版。

容,开展了村民"道德红黄蓝榜"推荐评议活动,先进典型上"红榜"通报表扬,违反《村民道德公约》的上"黄榜"进行批评警示,受批评的改进情况上"蓝榜"公示。为回应党员提议,村委会还经过集体讨论表决,决定对全村今年被一本大学录取的学生每人补助1500元,在重阳节对年满80岁的老人给予每人500元慰问金。宁夏回族自治区第一督导组负责人列席了燕鸽村民主议政日会议,并对该村民主议政日活动给予了充分肯定,认为与会党员和群众代表态度认真,敢于较真,民主评议和决策过程既坚持了原则又发扬了民主,气氛和谐融洽,体现了教育实践活动关于转变作风,解决突出问题,提高党组织联系服务群众能力的要求。[①]

七、企事业单位的工资集体协商制度

作为基层协商的三项主要内容之一,企事业单位的协商多涉及职工切身利益,尤以工资集体协商最为典型。中国的工资集体协商最早可追溯至1993年深圳市的试点。2000年,劳动和社会保障部(现人力资源和社会保障部)通过并发布的《工资集体协商试行办法》是目前最主要的法律依据。在《工资集体协商试行办法》中,工资集体协商包括九项内容,分别为:工资协议的期限,工资分配制度、工资标准和工资分配形式,职工年度平均工资水平及其调整幅度,奖金、津贴、补贴等分配办法,工资支付办法,变更、解除工资协议的程序,工资协议的终止条件,工资协议的违约责任,双方认为应当协商约定的其他事项。《工资集体协商试行办法》还规定,职工代表与企业代

---

① 《兴庆区大新镇燕鸽村民主议政日"晒"问题"议"整改》,宁夏机关党建网:http://www.nxjgdj.gov.cn/zl/qzlxjyhd/201409/t20140910_2378136.html,2018年6月1日访问。

表依法进行平等协商,其中职工一方由工会代表,对于尚未建立工会的企业,由职工民主推举代表,并需获得半数以上职工的同意。除了《工资集体协商试行办法》,《中华人民共和国劳动法》《中华人民共和国工会法》《中华人民共和国劳动合同法》等也涉及工资集体协商。

在《工资集体协商试行办法》的促进下,全国各地陆续建立了工资集体协商制度。例如,韩志明、潘玉华曾对天津的工资集体协商制度及其实践进行过专门研究,他们发现天津的工资集体协商工作始于世纪之交,已经初步建立起制度框架和工作机制。[①]经过十多年发展,各地企事业单位的集体协商制度正在日趋完善。从企事业单位工资集体协商的具体内容中不难发现,工资集体协商直接关系到职工的切身利益。不论是职工年度平均工资水平及其调整幅度,还是奖金、津贴、补贴的分配办法等,都是职工非常关心的问题。所以,工资集体协商过程中的舆情表达内容都是涉及群众切身利益的实际问题。当然,就目前的实际情况而论,工会应该在工资集体协商中发挥更加明显的积极作用。工会广泛存在于我国各类企事业单位之中,有组织章程和活动方针,实行职工自我服务、自我教育、自我监督。工会有权利通过集体协商与企事业单位领导沟通,反映职工诉求,代表职工就重大事项与单位协商,协调职工与单位之间的关系。

第三节　部分群体诉求和个体诉求

部分群体的利益诉求和个体的利益诉求,也是基层协商中舆情

---

① 韩志明、潘玉华:《工资集体协商的制度及其实践——以天津市情况为例》,《中国劳动关系学院学报》2014 年第 3 期。

表达的重要内容。这部分事项主要包括基层群众反映强烈的利益诉求以及迫切需要解决的矛盾纠纷，但不包括个体之间的矛盾和纠纷。在很多基层协商实践中，调处型协商直接对应的就是利益诉求和矛盾纠纷问题。

一、吉林安图县"群众利益诉求服务中心"

吉林省延边朝鲜族自治州安图县的群众利益诉求服务中心是这方面的典型案例。2011 年，为反映基层群众利益诉求，协调处理基层社会矛盾，吉林省安图县探索建设群众利益诉求服务中心。经过几年发展，目前基本形成了"三个平台""一个频道"的诉求服务网络。群众利益诉求服务中心是整个诉求服务网络的基石，由行政接访、法律援助、民事民议、纪检监督四个部门组成。其中，行政接访既负责审核诉求问题，也负责行政协调；法律援助负责为诉求者提供司法解释和法律援助服务；民事民议是核心部门，利用"评理""说事""建言"三个平台开展工作；纪检监督针对相关部门落实群众诉求问题的具体情况进行跟踪问责。三个平台即评理平台、说事平台和建言平台。在评理平台上，以组织代表和群众以集中评议和即时评议等方式，通过舆论监督来解决矛盾和问题；在说事平台上，群众利益诉求服务中心通过领导基层座谈、涉事部门约谈、百姓即时访谈三个载体听民声、解民怨，把问题化解在基层和萌芽状态；在建言平台上，群众利益诉求服务中心针对一个时期内全县经济社会发展和民生需求，组织基层群众参政议政，集民智、汇民策。① 另外，为了进一步增强政

---

① 王淑华、王彩云：《搭建服务平台 创新社会管理——以安图县群众诉求服务中心为例》，《经济视角（下）》2013 年第 4 期。

务信息透明度,安图县电视台还专门开辟了"民声频道",及时播报基层群众关心的热点难点问题。在实践中,安图县群众利益诉求服务中心主要解决的就是部分群体诉求和个体诉求问题。

案例:2016年上半年,安图县群众利益诉求服务中心共受理群众诉求129件。其中,诉求中心方面接待群众诉求49件65人次,占全县接访总量的69.7%,包含行政接访受理39件,民事民议受理4件,法律援助受理6件。参加县级党政领导进社区22次88场,受理群众诉求80件,共完成63件,列入逐步解决17件。从涉及领域看,群众诉求主要集中在住建、房产、三农、人社等方面,其中涉及住建领域18件,房产领域7件,人社领域4件,三农领域2件。从涉及范围看,主要是自来水、物业、市政设施、供暖等。其中反映自来水和物业方面的问题最为突出,群众诉求涉及自来水的5件,物业4件,市政设施3件,供暖2件。从投诉对象看,涉及群众与政府职能部门纠纷14件,主要针对政府职能部门监管不到位、群众对政策不理解等;涉及群众与群众之间纠纷10件,主要是民事纠纷和经济纠纷;涉及群众与法人之间纠纷20件,主要针对供热企业、房产开发企业、村集体等。①

二、湖南长沙县"乐和乡村"社会建设

2013年,湖南省长沙市长沙县进入了一个发展的矛盾期。从经济角度看,长沙县长期跻身全国县域经济10强,是经济相对发达的县;但从社会治理的角度看,该县却长期受基层社会矛盾纠纷过多、基层群众上访及信访量居高不下的困扰。为有效解决社会治理方面

---

① 《安图县群众诉求服务中心上半年受理群众诉求129件》,新华网:http://www.jl.xinhuanet.com/2012jlpd/2016-07/27/c_1119288559.htm,2018年5月27日访问。

的问题，在分析前三年信访特征的基础上，长沙县决定引入"乐和"理念，开展"乐和乡村"社会建设试验。"乐和乡村"建立在"一站两会，三事分流"的基础之上。所谓"一站两会"，是指社工站、互助会、联席会，其中以互助会为核心。所谓"三事分流"，是指将乡村事务按照性质、大小、严重程度等分为三类，大事政府牵头办，小事村社商量着办，私事自己办。在如何界定事务大小上，长沙县总结出一个标准，简单来说，就是建立在村民小组层面的互助会能够解决的事情属于小事，解决不了的事情属于大事。从实施效果来看，长沙县的"乐和乡村"取得了非常明显的成效。邻里之间的关系变得融洽，基层矛盾纠纷基本能够在村民小组范围内得到妥善解决，上访及信访量大幅下降。同时，"乐和乡村"还激发了基层群众的共同体意识和责任意识，为基层社会治理体系和治理能力现代化建设创造了良好的社会氛围。

案例一："糙脚里"是楼利坡组一条 600 米长的水渠，关系到组里 3 万多平方米的水田灌溉。由于年久失修，水渠渗水跑漏严重。怎么办？要让互助会临危解难。在"乐和"代表、老组长喻本利的召集下，村民经过议事整修水渠，将原来省力但不省心、不省钱的外包改为"自建"，结果费用省了 50%；由于是自己的事，村民干活尽心尽责，起早贪黑，让质量有了保障；更重要的是没有了"外包"修复后包工头"拍屁股走人、无人理事"的烦恼，一旦发现水渠有任何小问题都自己动手修整，从而确保水渠随时用得上。"糙脚里"这条水渠成了真正的惠农渠。①

案例二："我们村民自己施工、自己监督修出来的路，就是质量过

---

① 张振中：《"乐和乡村"在湖南落地生根》，《农民日报》2014 年 12 月 5 日第 2 版。

得硬、大家放得下心!"记者一走进葛家山村乐和大院,就听到村支书汤长顺爽朗的笑声。这一天,烟竹组 1.1 公里的村组公路通过验收,22 户人家每家每户门前都铺上了水泥路。汤长顺给记者算了一笔账:过去,10 平方公里的葛家山村,水泥路加起来不到 10 公里。去年到今年,村上共新修水泥路 27.6 公里,生态路 15 公里。更令他开心的是,没有发生一起村民为山塘、菜地等争补偿的矛盾纠纷。条条路都有村民自发参与,出工出力。同样是修路,回到几年前,汤长顺的境遇完全是两个样。2008 年,东慧到竹山水库的水泥路开工。下决定和投入的是政府,统筹安排的是镇村,受益的是村民。然而,这个"大包大揽"的公益项目却遭遇重重阻力。菜地、稻田、树木,村民样样都找村上要补偿。"晚上干到三四点,吃睡在工地,吃力还不讨好。"汤长顺用一个"累"字来形容当时的自己。2010 年出任葛家山村党支部书记后,汤长顺更"累"了。全村 34 个村组,1112 户村民,村民连家里几片瓦被风刮掉了都往村党支部书记家跑。经常是早上 7 时就有人来敲门,晚上 12 时才送走最后一批客,电话更是一天到晚响个不停。矛盾纠纷最多的时候,"我堂客一个晚上泡了 83 杯茶!"一方面是干部肩上的责任越来越重,另一方面是村民该做的事却不做,连家务事都"召唤"村干部上门解决。汤长顺一度打起了退堂鼓。

通过镇党委、政府牵头,村支两委具体统筹,召开乐和联席会,将涉农公共事务按照公私、大小的特点进行梳理分类,分出 70 项交给组级互助会负责。"以前事无巨细,包揽在身,吃力不讨好。现在把知情权亮给村民,监督权赋予村民,反而得到村民的理解。矛盾纠纷减少了大半。"①

三、山东青岛城阳区"三级市民议事活动"

为有效回应基层群众利益诉求，保障基层群众知情、参与、表达、监督的权利，从 2012 年开始，山东省青岛市城阳区探索开展"三级市民议事活动"。所谓"三级"，是指区、街道和乡镇、社区和村庄三个层面。"三级市民议事活动"的具体做法是，通过制度性文件明确议事活动的地点、时间、内容、程序等，将基层群众反映强烈的利益诉求纳入议事日程。"三级市民议事活动"能够为基层群众发表意见和建议、提出利益诉求提供平台，让基层群众与有关政府部门平等对话，促进了基层社会矛盾纠纷的有效解决，维护了社会和谐稳定。

案例一：2012 年 3 月 20 日下午，近百名市民代表齐聚城阳区百姓乐园市民议事厅，就提高居家养老服务质量、促进残疾人托养和就业等问题向政府提出意见。这是城阳区设立市民议事制度后举行的首次议事活动。议事会的组织者介绍："城阳区居民只要想就政府工作提出建议意见，都可以在确定为议事会议题的情况下自愿报名参与。无论是区、街或者社区的工作，包括城建、民生、经济等各个领域，参与者都可以畅所欲言。""这是城阳区第一次市民议事会，是市民议事活动的启动仪式，也是民政、残联市民议事专场。"城阳区民政局孙培文说。被邀的近百名市民代表来源广泛，既有人大代表、政协委员，也有一线的社区干部，同时还有自愿报名的普通市民。②

---

① 李万寅、唐薇频、胡益虎：《长沙县开展"乐和乡村"试点探索乡村社会治理新模式》，《长沙晚报》2014 年 12 月 26 日第 A1 版。
② 刘锟锋、李政、郝杰：《城阳建立市民议事制度——市民可定期给政府提意见建议》，《青岛日报》2012 年 3 月 21 日第 4 版。

案例二:王家村社区是省级文明村,位于惜福镇的繁华地段,社区周边的商业比较发达,也出现了不少卫生死角。在王家村社区市民议事活动举行当天,社区不少居民提出了卫生脏乱差等问题,希望社区能想办法解决。两天后,王家村社区举行了一场别开生面的签字仪式。300多户商户业主与社区签订了环境卫生责任书,承诺管好自己的"责任田",请全体居民监督。"这样的议事活动,我们能广泛听到老百姓的意见、建议,有针对性地去开展工作,效率很高。"王家村社区党支部书记王崇省说。2013年,城阳区创新推行了全民参与的市民议事制度。议事制度规定195个农村社区都要有计划、分批次组织开展市民议事活动,全年不少于3次。①

案例三:有时候群众内部也有利益分歧,市民议事提供了一个让群众沟通的平台,干群之间的压力自然减轻。流亭街道西流亭社区,早在1999年就进行了第一批旧村改造,当时的政策简单说就是"拆一套旧房换一套新房",拆迁居民非常满意,没拆迁的居民非常羡慕;时隔数年,第二、三批旧村改造时,地价飞涨,补偿标准变成"拆一套旧房换两套新房",第二、三批拆迁的居民非常庆幸,第一批拆迁居民却回过头来要求"补齐"待遇。在议事活动中,居民自发热议这个问题长达3个小时,最后的共识是,社区把几栋老旧失修的楼座拆除,多层变高层,这样,既可以满足原来住户的需求,多出来的住房又恰可以补给第一期住户。另外,第一期住户每家要交出部分资金用来弥补集体的"损失"。这个处理思路几乎获得了全体居民的同意。②

---

① 陈界交:《城阳"市民议事"活动收千条建议 每条都要答复》,半岛网:http://news. bandao. cn/news_html/201306/20130613/news_20130613_2188346. shtml,2018年6月1日访问。

② 《青岛市城阳区在农村社区全面推行市民议事制度》,人民网:http://dangjian. people. com. cn/n/2014/1223/c391467 - 26259626. html,2018年6月1日访问。

第四节　常规事务性事项

地方党委、政府和村（居）两委需要处理的一些常规性、日常性事务，也属于基层协商中舆情表达的重要内容。这部分事项主要包括地方党委、政府的方针政策、重点工作部署在社区的落实以及基层专项经费、集体资源资产资金的预决算等。

一、陕西眉县"政务村务公开四级联动"制度

政务村务公开是各地基层协商中的基本要求，其中，陕西眉县的"政务村务公开四级联动"具有一定代表性。早在 1998 年，陕西眉县就探索实行了"政务村务公开四级联动"制度。所谓"四级联动"，是指县、乡镇、村、组四级联动，县和乡镇政务公开是村务公开的外延，而组务公开则是村务公开的细化和完善。为保障落实到位，各级分别成立政务公开领导小组，凡涉及三农问题的政府部门、事业单位、乡镇政府及七站八所，全部实行政务公开和事务公示制度，并将村务公开细化至组务公开；县财政、农业、计生、水利、电力等机关事业单位和各个乡镇，全都按要求沿街设立各自的政务公开栏和事务公示栏，定期公开下拨资金、征收任务、指标分配等相关项目，公示相关政策规定、办事程序和收费标准等。① 与"政务村务公开四级联动"制度相配套，眉县还印发了《开展建立村民监督委员会工作的实施意见》，在全县 123 个行政村和 5 个城镇社区建立了村（居）民监督委员会，

---

① 《陕西省眉县：政务、村务公开四级联动制度》，《村委主任》2010 年第 6 期。

选出村（居）民监督委员会委员 496 名,各村和各社区均由 1 名主任和 3 至 5 名委员组成,其中 65% 以上的监督委员会主任由德高望重的离任村干部或公道正派的经济发展能人担任,95% 的监委会委员由村民代表、党风廉政监督员、返乡创业能人等组成。① 陕西眉县的"政务村务公开四级联动",从制度机制层面严格要求,将政务村务公开作为一项重要工作来抓。从基层群众的角度来看,该制度保障了知情的需要,而与之配套的村（居）民监督委员会的建立健全,又是对参与、表达、监督权利的保障,因而"政务村务公开四级联动"是非常有效的权利保障机制。从政务村务公开的事项来看,眉县的"政务村务公开四级联动"制度涉及的内容较多,其中常规事务性事项是重要方面。

二、福建云霄县"低保民主评议票决"制度

为有效增强低保工作的透明度,提升政府公信力,从 2008 年开始,福建省漳州市云霄县探索实行"低保民主评议票决"制度。民主评议票决会以村为单位,参与者主要包括乡镇驻村干部、村两委成员、村监会成员、党员代表和村民代表等,按照规定,基层群众代表人数不得少于总人数的三分之二。票决采取无记名投票的方式进行,县和乡镇民政部门组织督察员加强监督,确保民主评议会的规范有效。该制度切实提升了低保工作的有效性和可信度,改善了党群、干群关系。

案例:2013 年 3 月 22 日早上 9 点半,云霄县东厦镇荷东村村部大

---

① 朱晓莉、乔军旗:《全面打造阳光村务 建设民主和谐农村》,眉县廉政网:http://www.mxlzw.gov.cn/youyG_ShowArticle.asp? youy_ArticleID = 3737,2018 年 5 月 28 日访问。

楼，一场特别的民主评议票决大会在这里举行。

"周某选，丈夫早年亡故，今子亦故；周某凯，患大肠癌；周某福，子患精神病，妻双目失明，年老……"按照《荷东村申请低保民主评议表》，云霄县东厦镇荷东村民政助理员周炎山逐一做着介绍，50 名民主评议员，认真听着周炎山的介绍，并不时在一张名单上打钩、画圈。

原来，他们正在票决村里今年的低保户。最终经过投票，119 个申请户，有 105 户进入公示环节，公示期为一周，没有异议后，经镇、县两级审核后，报送县民政局审批，开始办理低保。

云霄县还对纳入低保的对象实行分类施保，共分四档，按照现行农村低保标准的 50% 至 100% 给付。目前云霄县 58% 的村子已实行低保民主评议票决制，2013 年底，漳州全市将全部采用这种低保民主评议票决的模式。

云霄县的这种做法，引起了省里的关注，福建省要求各地以此为模板，在全省推广。①

三、湖北通山县"村民票决村干部工资"制度

在全国许多地方，基层民意已经与村两委干部的工资待遇挂钩，基层群众对本村经济社会发展和村干部履职能力的评价，直接影响到村干部的工资待遇。2006 年以来，湖北省咸宁市通山县实行"村民票决村干部工资"制度，取得了较好的效果。通山县的做法可以概括为"竞标定岗位，评议定报酬"。所谓"竞标定岗位"，是指每年年初根据村里的工作划分设定党务、村务、财务、新农村建设、妇女等多个岗

---

① 曾炳光、戴江海：《云霄"低保民主评议票决"模式将在全省推广》，闽南网：http://zz. mnw. cn/yunxiao/xw/325134.html，2018 年 6 月 1 日访问。

位,每个岗位确定报酬,然后由全体村干部上台发表竞岗演讲,经村民代表投票决定中标人,一人可兼任多岗,没有竞到岗的不发岗位工资。所谓"评议定报酬",是指每季度最后一个月通过评议的方式定报酬,首先由村干部上台向村民代表汇报三个月来的工作情况,然后由村民代表依据村干部每个岗位的工作成绩,为他们投票打分,得分在 95 分以上的,可领取全额报酬,每下降 1 分则报酬下降1%。① 通山县的做法实际上是让村民代表通过民主评分的方式确定村干部的岗位工资,得分高者工资高,得分低者工资低。

这种做法的直接效果是将村干部的评议交给了基层群众。尽管表面上看,只有村干部的岗位工资由村民代表通过民主评分的形式决定,但实际上,村民评分还体现了基层群众对村干部及其工作的认可程度。得分高的村干部不仅能够拿到全额报酬,而且也证明其获得了基层群众的认可;得分低的村干部不仅无法拿到全额报酬,还证明其干群关系有待改善或者工作能力有待提高。上级政府可以通过此种方式了解基层群众对村干部的评价,从而决定奖励或者惩戒。通山县的这种做法属于基层协商的一种类型,基层群众舆情表达的主要内容就是对村干部的评价、评分,这属于常规事务性事项。

四、浙江杭州余杭区"双述双评"制度

多年来,浙江省杭州市余杭区在农村实行"双述双评"制度,在城市实行"社区干部述职评议"制度,取得了很好的效果。其中,"双述双评"的对象为村领导集体和村干部,具体是指村党委(村党支部)、村委会、村股份经济合作社董事会及村领导集体成员,以及第一书记

---

① 《湖北省通山县:"村干部"岗位及工资"票决制"》,《村委主任》2010 年第 6 期。

和到村工作的高校毕业生等。评议大会由镇组团联村干部主持,参加评议大会的人员主要是党员代表、村民代表、部分私营业主、种养大户等,总人口在 1500 人以下的村不少于 50 人,总人口在 1500 人以上的村不少于 80 人。评议大会主要的内容包括述职述廉、民主评议年度工作、民主评议基本报酬补贴等。"双述双评"制度将村班子和村干部的评价评议权交给基层群众,真正落实了基层群众的监督权。借助评议大会,基层群众通过评分给予村领导集体和村干部客观评价,同时,村领导集体和村干部也能够将村里工作情况和个人思想情况向基层群众汇报,实现了干群之间的信息互通,为其他工作的开展奠定了良好基础。

案例:2018 年 1 月 24 日下午,永西村 2017 年"双述双评暨民主监督公开日"活动顺利举办,全体组团联村干部、村民代表等 70 余人参加了此次会议,乔司街道城市建设和环境保护科科长咸良根主持会议。会上,村党委书记赵清伟、村委会主任姚利军就个人在思想、工作、业绩、廉洁等方面的情况和存在的问题进行了述职,村监会主任林贤琴就村监会班子履职情况进行了述职。述职结束后,与会代表们对村班子成员、村主任助理、村监会进行了民主测评。最后,村党委书记赵清伟对年前工作做了具体布置,组团联村团长李旺就2017 年永西村各项工作做了点评,李主任充分肯定了永西村 2017 年各项工作取得的成果,也指出了不足之处,希望 2018 年全体代表、村干部能继续团结一致,不忘初心,以十九大精神为指引,克难攻坚,为建设美丽和谐永西大步前行。①

---

① 《"双述双评"强责任,聚力凝心促发展》,杭州余杭门户网站:http://www. yuhang. gov. cn/zwgk/jiedao/I056/gzxx/cxjs/201801/t20180125_1114210. html,2018 年 5 月 30 日访问。

五、山东沾化县的"诸葛亮会"制度

2011年,山东省滨州市沾化县在村两委换届过程中创设了"诸葛亮会",其主要作用是提高与会者对换届工作重要性的认识。后来,沾化县将"诸葛亮会"上升到制度层面加以规范和推广,形成了一套基层社会治理的新模式。具体来说,"诸葛亮会"的与会者由两委班子成员、党员代表和居民代表构成,有时候邀请街道、乡镇的相关人员参加。会议的主要内容是集体三资情况、财务预决算、近期花销以及基层群众反映的涉及群众切身利益的实际问题等。"诸葛亮会"原则上每月召开一次,遇到紧急问题时可以召开临时会议。"诸葛亮会"为包括基层群众在内的多方利益主体提供了平等交流的平台和机会,促进了基层群众参与意识和共同体意识的提高,推动了基层社会治理体系和治理能力的现代化建设。

第四章　基层协商中的舆情
表达机制和舆情表达平台

20 世纪 90 年代末以来,全国许多地方陆续开展基层协商实践,逐渐探索出多种舆情表达机制和平台。党的十八大以来,全国范围内的基层协商实践进入发展快车道。就目前情况而言,其主要包括代表会议制度、民主恳谈会、听证和决策咨询制度、城乡社区及其网络论坛、工资集体协商制度等。当然,这只是粗线条的划分,有很多基层协商实践因地制宜,带有很多适应当地具体情况的特点,并不必然属于哪一类。本章选择全国若干具有代表性的案例,通过分析案例详细阐述基层协商中舆情表达机制和舆情表达平台的基本情况。

第一节　代表会议制度

代表会议制度是基层协商诸类型中与现行政治架构结合较紧密的一种。此类基层协商是对村(居)两委体制的补充和完善。基层群众通过代表会议制度,能够选举自己满意的代表,让其代替自己阐明立场,表达利益诉求。就目前的整体情况来看,代表会议制度在各地产生了多种类型。本节将选择几个具有代表性的案例进行分析。

一、河北青县"党支部领导、村代会做主、村委会办事"的村治新模式

代表会议制度需要解决的一个重要问题,是村民会议及其代表会议与村两委的关系问题。河北青县"党支部领导、村代会做主、村委会办事"的村治新模式颇具参考意义。从 2002 年开始,青县就开始探索这一新模式,让村代会与村委会分开,各司其职。同时,让村党支部书记兼任村代会主席,坚持党的领导地位。河北青县共有 345 个村,306 名村党支部书记被民主选举为村代会主席或村主任,约占党支部书记总数的 89%;2622 名党员当选村民代表,占村民代表总数的 41.5%;每年发展农村党员 560 名。自 2002 年实行新模式以来,农村信访量逐年下降,一个规范有序、稳定和谐的农村政治新秩序正在形成。① 在青县模式中,村民会议拥有对村庄重大事项的决定权。村代会是村民会议的议事机构,由村民会议授权其代行日常决策和监督等权力。该模式很好地梳理了村民会议及其代表会议与村两委之间的关系,让村民会议及其代表会议嵌入了目前农村的两委体制架构。这样既没有改变村两委体制架构,又能够让更多的基层群众参与到公共事务治理当中,真正实现了坚持党的领导与人民当家作主相结合。

二、四川成都芦稿村"村民议事会"制度

四川省成都市青白江区芦稿村的代表会议制度颇具代表性。根

---

　　① 赵超英:《村民自治不是村干部自治——河北省青县的村治模式》,《党的建设》2005 年第 4 期。

据任中平等人的研究,芦稿村的代表会议制度肇始于 2006 年,当时的村党支部为了制定《芦稿村经济和社会发展规划》,开创了民主议政日制度,希望借此平台满足绝大多数村民的意愿,解决争议问题。① 到了 2008 年,民主议政日制度正式升级为"村民议事会",通过民主选举产生了 59 名议事会成员。在芦稿村,村民代表会议是重要决策机构,由村民代表会议授权"村民议事会"作为常设机构。"村民议事会"讨论决定村里的公共事务,然后由村民委员会负责执行。芦稿村实行"村民议事六步法",即收集议题、审查议题、民主讨论、结果公示、执行监督、评议整改。② 通过此平台,村民们的意见诉求得以表达,公共事务能够在公开、公正的环境中得到讨论,干群关系得到很大改善。芦稿村的"村民议事会"是比较典型的基层协商中的代表会议制度。

三、四川成都马岩村"新村发展议事会"制度

2008 年,四川省成都市邛崃县马岩村为有效解决林权改革中的民事纠纷问题,在乡党委政府的支持下探索"新村发展议事会"制度。在处理村公共事务时,基层党组织起到核心领导作用,先由议事会商议,然后交给村民大会或其代表会议审议通过,最后由村委会负责执行,议事会在执行过程中起到监督作用。议事会成员既包括本村村民,也包括在本村从事经营活动的外来人员。"新村发展议事会"在马岩村很快就取得了成效,此后,成都市全境都建立了类似的组织。

---

① 任中平、王菲:《基层协商民主的经验、价值与启示——以成都市青白江区芦稿村为例》,《党政研究》2015 年第 4 期。
② 任中平、王菲:《基层协商民主的经验、价值与启示——以成都市青白江区芦稿村为例》,《党政研究》2015 年第 4 期。

第四章　基层协商中的舆情表达机制和舆情表达平台

案例: 2008 年,马岩村办起了养猪场,组建了竹业合作社。村集体有了更多收入,村民们对村里的财务不放心了。群众意见经议事会成员罗富友、何德荣反映,议事会讨论决定制一枚财务章,分成 5 瓣,选出 5 名村民信任的代表各持一瓣,村上每张发票必须盖上完整的财务章方可入账报销。2009 年初,马岩村被确定为村级公共服务和社会管理改革试点村,从当年开始每年有 20 万元以上的投入资金。议事会、"五合章"更有了用武之地。村级公共服务和社会管理改革之初,村党支部书记杨帮华差点"整偏了"。"20 万对我们这个村可以说是巨款。当时我们兴奋得很。我当场就给乡政府打包票说,你们喊咋干我们就咋干,保证干好!"杨帮华说,后来一培训才知道自己差点"整偏了",咋干是老百姓说了算,首先得让老百姓知道什么是村级公共服务和社会管理改革。于是,全村开始大量宣传,不仅上公告栏、放广播,村干部和村民议事会成员也行动起来。"议事会成员分成 10 组,每个组发传单、开坝坝会,力求宣传到户到人。"杨帮华说。议事会在宣传阶段帮了大忙,全村 406 户发了 385 份表,离家外出的打电话征求意见,收集了 40 个村级公共服务和社会管理项目。"村民很热情,但 40 个项目,20 万是不够的。"经过议事会票决,村里确定了 15 个项目。为了确定 15 个项目的先后顺序,村里还制成《量分排序表》,一家一户征求意见,得分最高的大棚水泥路最终优先实施。杨帮华说,这些方法被总结为"三步量分法",已经在邛崃很多地方推行。为了保证资金安全,村里所有的经费支出,都必须盖有"五合章",持章的 5 名村民议事会成员,负责对资金进行审查。有一次,村党支部书记杨帮华买公文包的一笔资金就没通过审查。"他拿单子来,我们 5 个人你看看、我看看,都不好开口,单子转了几圈又回来了。我就只好直说了。"叶露春说。这笔账,硬是没给杨帮华报。"现在村干部要有什么开支,都知道要先通过村民议事会议一议,以免下来报不到账。"杨帮华说。①

四、四川成都市周边的三级联动的基层协商民主工作平台

还有研究者进一步扩大研究范围,对四川省成都市周边地区的基层协商进行综合分析。② 研究发现,成都市周边很多地区搭建了三级联动的基层协商民主工作平台,即村(居)民议事协商会、乡镇(街道)社会协商会、市(县)社会协商会,三级联动的基层协商民主工作平台实行联席会议制度,联席会议办公室设在市(县)委统战部。村(居)议事协商会成员以村(居)民小组为单位,每个村(居)民小组有2 至 4 个名额。每 5 至 15 户产生 1 名代表,再从代表中产生议事协商会成员,成员总数控制在 20 至 50 人,其中,干部不超过一半。乡镇(街道)社会协商会成员由群众自荐、个人自荐、组织推荐三种方式产生,村(居)民议事协商会通过民主表决的方式确定,大约 40 至 60 位成员,整个流程由分管统战工作的乡镇党委副书记负责。其中,干部不超过 30% ,村(居)支部书记、乡镇党委书记、乡镇长以特邀身份参加。

村(居)议事协商会每月至少召开 1 次会议,乡镇(街道)社会协商会每半年至少召开 1 次会议。议题范围主要是涉及群众切身利益的各类事项。需要注意的是,村(居)议事协商会具有决策功能,其成员拥有表决权,由村(居)民委员会负责具体执行。乡镇(街道)社会

---

① 谢佳君:《马岩村村民议事会的基层民主探索》,《成都商报》2010 年 4 月 28 日。
② 程林顺:《基层协商民主运行机制探究》,《中央社会主义学院学报》2016 年第 5 期。

协商会不具有决策功能,其成员拥有建议权,各种建议经过归纳整理后作为党委、政府重要决策的参考。

成都市周边地区的三级联动基层协商民主工作平台是较为系统的代表制度。如果说芦稿村的基层协商实践还限于一个村庄范围的话,那么三级联动的基层协商民主工作平台已经扩展到了整个县域范围。也正是因为扩展到了县域范围,所以三级联动的基层协商民主工作平台面临的情况更为复杂,更需要与现行政治体制机制相契合。例如,村(居)议事协商会具有决策功能,而乡镇(街道)社会协商会不具有决策功能也是目前乡镇(街道)政治体系制度的客观要求。不论是芦稿村的"村民议事会"制度还是成都周边地区的三级联动的基层协商民主工作平台,都是基层协商实践中的代表会议制度类型,都是地方党委、政府在稳步推进基层协商进程中的具体实践。

五、广东云浮"活力民生,阳光村务"工程

针对新农村建设中村务、财务透明度不够、民主监督不到位等问题,从 2006 年 3 月起,广东云浮实行"活力民生,阳光村务"工程。其基本做法是:在村民代表会议下设立会议召集组、监督组、发展组共三个工作小组,由村委会提名,村民代表投票产生三个小组的成员。

会议召集组主要负责召集由村委会决定或村民依法提出召开的会议;监督组主要负责监督村务、财务运行情况,有权否决不合理开支;发展组主要负责收集村民意见并向村委会提出村经济发展计划和项目建设的具体建议,是村发展经济的智囊团和参谋机构。① 广东

---

① 云浮市党建学会课题组、凌锋、康就升:《完善农村基层民主政治制度 改进基层党组织领导方式——云浮市施实"活力民主,阳光村务"工程的调查与思考》,《南方农村》2007 年第4 期。

云浮"活力民生,阳光村务"工程的重要意义在于,将原本较为虚化的村民代表大会制度通过三个工作小组的设立落到了实处。其难点在于如何处理三个工作小组与村委会之间的关系,既不影响村委会的正常工作,又充分发挥三个工作小组的积极作用。从实践情况来看,广东云浮"活力民生,阳光村务"工程在增强村务、财务透明度,保障基层群众参与公共事务,助力新农村建设等方面作用明显。

六、江苏太仓"村民小组代表会议"制度

从 2005 年开始,江苏省太仓市就开始探索"村民小组代表会议"制度。代表们和小组组长的产生过程是:首先,本组村民提名确定村民小组代表候选人,然后通过无记名投票方式选举产生代表,或者采取无候选人的形式,直接通过无记名投票选举产生代表,按照要求,妇女代表在村民小组中要占一定比例;其次,在 3 至 5 人组成村民小组的基础上,代表们推选 1 名小组组长;最后,小组代表、小组组长产生后,村委会以公告形式张榜公布,并造册登记备案。与"村民小组代表会议"制度相匹配,太仓市还实行"联系户"制度,即每个小组代表联系 5 至 8 户基层群众。① 通过此制度,既能够将基层群众的意见建议反映上来,又能够将国家的大政方针和地方重大决策部署宣传下去。十多年来,太仓市坚持每月召开 1 次村民小组代表会议,每季度召开 1 次小组村民会议,化解基层矛盾,协商解决问题,宣传大政方针,取得了很好的实际效果。

江苏太仓的"村民小组代表会议"制度有其独有的背景。随着当地经济社会发展步伐加快,城乡一体化日渐明显,从 20 世纪 90 年代

---

① 《江苏省太仓市:村民小组代表会议制度》,《村委主任》2010 年第 6 期。

开始,太仓市对辖区内的行政村进行了较大幅度的整合。这就意味着,行政村的范围变大,原来的很多行政村变成了村民小组,过去以行政村为单位的农村政治体制架构显然无法适应这种变化。2005年,太仓市下发《关于加强村民小组建设的意见》,开始推行"村民小组代表会议"制度。"村民小组代表会议"制度,实际上是将行政村的代表会议下沉到村民小组,避免了因村民小组之间距离过远而导致的代表会议虚化。在全国很多地方,尤其是已经或者正在进行大规模行政村合并的地方,这种"村民小组代表会议"形式值得借鉴。

七、山西芮城县西关村"村民户代表会议"制度

山西省运城市芮城县西关村结合地方实际情况,在"村民代表会议"制度的基础上,创设了"村民户代表会议"制度。在原先实行"村民代表会议"制度的时候,西关村每 10 户村民选举产生 1 名村民代表。但是,该制度在西关村具体执行过程中出现了一些问题,如村民对代表的信任度不够,部分代表的责任心和履职能力不足等。针对这些问题,从 2008 年开始,西关村开始尝试"村民户代表会议"制度。所谓"村民户代表会议"制度,就是每户 1 名代表,所有代表都参加村里的户代表会议,共同对村里的公共事务进行协商讨论。村委会负责组织召开户代表会议,时间一般是每月 25 日晚上。西关村的"村民户代表会议"制度较好地解决了村民代表的代表性不强的问题。不过,该制度在具体操作过程中也遇到了一些问题,如受大量村民外出务工等因素影响,户代表会议的参与率不够高;部分代表的受教育水平和民主参与意识较差,无法满足基层协商的需要等。

八、广西玉林"村务商议团"模式

大量劳动力外出务工导致乡村基层协商的参与者结构失衡，很多乡村的基层协商主体只剩下老人、妇女。为解决这一现实问题，广西玉林创设"村务商议团"，并将其作为村民代表会议的常设机构，在村党支部的领导下，发挥村民代表会议作用。"村务商议团"一般由8人左右构成，在村两委班子成员之外民主选举村务商议团成员。"村务商议团"每月召开一次会议，对村里的公共事务商议表决后提交村党支部，再由村两委和"村务商议团"会商后执行。"村务商议团"有效地解决了村民代表会议参与者积极性不高的问题，提升了基层群众政治参与的热情。

案例："现在怎么办呢？申报时间即将截止了，村民代表会议还未能如期讨论今年农村饮水项目……"每年一到"一事一议"讨论的时候，福绵区沙田镇关塘村村党支部书记张庆军就头疼，"现在我们村很多人都在外面打工，想召集大家来开个会讨论决定一些事情，都要等很久，甚至半年也开不成"。关塘村面临的问题只是农村基层民主管理存在问题的一个缩影。当前，农村民主自治存在"三难"问题：大量农民外出务工、经商，村民议事"集中难"；按常规决议村级事务成本高、周期长，民主管理存在"落实难"；村民对村两委权力"监督难"。这种情况，倒逼着玉林市在扩大基层民主管理上进行破题。群众的智慧是无穷的。关塘村以前有个"村民理事会"，主要负责对村里的民俗活动进行民主管理。受此启发，2012年，玉林市在该村试水建立村务商议团管理模式。即在坚持村级党组织的领导下，通过由村民民主投票选举9名公道正派、德高望重、能力强的村民代表组建村务商议团,把以往需要全体村民或村民代表集中地点、集中时间、集中精力进行专项讨论的"大兵团作战",转变为村务商议团成员分片包干、进队入户、随时商议的"游击式议事"。经过多年的试水,村务商议团已经成为扩大基层民主、助推农村经济社会发展的新引擎,引起了社会各界的高度重视。目前,该模式先后被评为2012年度全国十大"优秀地方新政"、广西壮族自治区党委组织部2013年度创新成果三等奖。[①]

九、浙江金华"街道议政会"

进入21世纪,浙江省金华市的城市化进程进一步加快,许多农村地区并入城区,许多乡镇变成了街道。在由乡镇变街道的过程中出现了很多现实问题,其中一个突出问题是,原来的乡镇人大及其主席团自行撤销,新改设的街道人大工委只有专职主任1人,兼职委员2人,无法承担起原来乡镇人大及其主席团的职责。针对事实上的街道人大缺位问题,2005年,金华市开始在街道一级设立议政会,作为党委领导下的议事组织存在和运行。一般情况下,"街道议政会"成员由各村(居)党支部民主推荐产生,街道辖区内的学校、银行、派出所、企业等单位党支部也有推荐资格。"街道议政会"每年至少召开2次,遇到特殊情况时,也可以召开临时会议。浙江金华在城市化进程中遇到的街道人大缺位问题并非个案,全国许多地方都遇到了此类问题。"街道议政会"制度的创设,正是针对此问题而务实变通的办法。通过"街道议政会",基层群众的声音得以反映给街道,上级党

---

① 乔晓莹、李忠权、梁栋荣:《玉林市探索"村务商议团"民主管理观察》,广西新闻网:http://news.gxnews.com.cn/staticpages/20151003/newgx560f1c97－13677097.shtml,2018年6月1日访问。

委、政府的精神也得以传达给基层群众,在此意义上,"街道议政会"扮演了上传下达的角色。但是,由于法律方面的限制,"街道议政会"只能以街道党委领导下的议事组织存在和运行,只有建议权,没有表决权。

第二节　民主恳谈会

本书在第一章中已经对浙江温岭的民主恳谈会进行了简要介绍,此处单独用一节的篇幅对其进行详细介绍。民主恳谈会是浙江温岭的一种基层协商形式,经过十多年的发展,民主恳谈会已经成为目前国内影响最大的基层协商民主实践形式。浙江温岭的民主恳谈会是效果明显、值得推广借鉴的典型案例。本节从其产生与发展、主要经验与积极功能、不足等多个角度进行分析,全方位展现浙江温岭的基层协商实践。除了浙江温岭的民主恳谈会,浙江象山等地的基层协商实践也属于此种类型。

一、民主恳谈会的产生与发展

1999年6月,温岭松门镇举办了一次"农业农村现代化教育论坛"。该论坛原本是应浙江省的相关要求而召开的例行论坛,不过,松门镇却将其开成了基层版的《焦点访谈》,即邀请村民与镇领导座谈,让村民充分发表意见,让干群之间直接交流。这次论坛开创了一种新的干群对话形式,被视为温岭民主恳谈会的前身或者雏形。这次论坛取得了非常好的实际效果,引起了温岭市委的高度重视。在此后的十多年间,温岭将此类活动坚持了下来,并不断升级,逐渐摸索出一套影响全国的基层协商形式。

2000年至2001年,温岭市委将恳谈会、民主日、民情直通车等多种地方政府与群众直接交流的方式统一命名为民主恳谈会,并将其引入党政机关、城镇社区、企事业单位。作为舆情表达重要平台的民主恳谈会正式诞生。2004年3月,温岭民主恳谈会获得了第二届"中国地方政府创新奖"。

2005年,温岭民主恳谈会进一步升级,新河镇、泽国镇等分别开展了参与式公共预算改革,将民主恳谈会纳入了镇人大工作。从2008年开始,参与式公共预算改革又增加了箬横、滨海、大溪、松门四个镇,并向交通局、水利局、科技局等部门扩展。2010年,参与式公共预算已经从镇升格到市级政府部门。这一轮改革的亮点之一是人大和人大代表"管好钱袋子"的作用凸显了出来。

二、民主恳谈会的主要经验与积极功能

温岭市委市政府的支持是民主恳谈会顺利开展并持续发展的关键。从全国范围来看,温岭民主恳谈会是发端于基层的协商民主实践,但如果从县域政治的角度看,它其实是自上而下的政府创新,即民主恳谈会不是由基层群众而是由党政部门开启并推动的。它是现行体制增加开放程度、吸纳民众意见的体制创新,党政部门在这一过程中始终起着决定性作用。在当时地方政府过分追求国内生产总值(GDP)增长和锦标赛式的横向政府间关系的大环境下,温岭市委市政府致力于民主恳谈会的建设,确实需要足够的勇气和魄力。十多年的发展历程也证明,温岭民主恳谈会之所以能够不断发展,离不开当地市委市政府的大力支持。

参与式公共预算在一定程度上"激活"了基层人大。2005年开始

的参与式公共预算改革,帮助民众以舆情表达主体的身份参与到政府的年度预算当中,与人大代表一起对预决算实施监督。这项改革打通了民主恳谈会与基层人大之间的关系。对于民主恳谈会而言,这项改革为其找到了制度依托,提升了其在地方政治架构内的地位,大大增强了协商的实际有效性。对于基层人大而言,这项改革有助于理顺其与党委、政府的关系,激活了基层人大在实践中易被忽视的法定权力。

参与式公共预算还促使地方政府的预算编制越来越科学、合理。有研究者在考察新河镇参与式公共预算后认为,通过预算的细化、初审、修改、修正等一系列的程序设计,较好地解决了公众的偏好显示、优先次序、权重与集合的问题。① 还有研究者在考察泽国镇后认为,居民在公共预算制定过程中的协商参与,促进了公共投资效率的实现。② 参与式公共预算将地方政府的预算编制纳入基层协商框架,实际上是赋予了基层群众在预算编制中的话语权。地方政府的任何一项预算,都透明地呈现在协商参与者面前,从而在客观上提升了预算编制的科学性、合理性。

民主恳谈会的实践过程是对民众参与民主政治的有效训练。受传统文化、成本考量等因素影响,民众对参与民主政治往往并不积极,而且也缺乏理性思辨、发表意见、说服他者的经验。民主恳谈会既是舆情表达的过程,也是参与者学习的过程,能够为民众提供锻炼机会,帮助他们了解协商目的、熟悉协商程序、培养公共意识、善于理性思辨。经

---

① 褚燧:《参与式预算与政治生态环境的重构——新河公共预算改革的过程和逻辑》,《公共管理学报》2007 年第 3 期。

② 苏振华:《参与式预算的公共投资效率意义——以浙江温岭市泽国镇为例》,《公共管理学报》2007 年第 3 期。

过十多年的发展,温岭民主恳谈会已经培养了一大批熟悉并乐于参与基层协商的民众,他们在基层协商中起到了基础性的作用。

三、民主恳谈会的不足

尽管温岭民主恳谈会在基层社会治理体系和治理能力现代化建设中的作用非常明显,在全国基层协商民主实践和研究领域具有典型意义,但客观上还有一些需要加强和完善的方面。程同顺、邝利芬认为温岭民主恳谈会存在三个方面的局限,即参与式预算可能导致预算民粹主义、民众的参与仍然有限、民主恳谈会运行成本过高。[1]何包钢认为,"在参与式预算实践中,往往公民看不懂通报材料,讨论不了复杂的财政问题,于是,世界各地的各种参与式预算往往对预算说明材料进行缩写,删去了某些复杂的话题,这种让公民看懂了的要求却为某些官员操控参与式预算本身提供了一个机会"[2]。许琼华在温岭进行田野调查时发现,普通村民在民主恳谈会上发言时,镇领导和其他村民并不太在意,而当一位村党支部书记发言时,全场都认真倾听,他由此认为民众参与条件的不平等已经在实际上影响了参与式公共预算的平等性;另外,当地有些村民感觉预算比较复杂,超出了他们的理解能力,因而对参与式预算的参与意愿不强。[3]

温岭的基层协商实践是一个不断发展进步的过程,对于上述问题,当地政府已经注意到并逐步解决。不过,这些问题在其他基层协商实践过程中仍有可能遇到,温岭的经验可以提供一个很好的范本。

---

① 程同顺、邝利芬:《温岭民主恳谈的意义及局限》,《重庆社会主义学院学报》2014 年第 2 期。

② 何包钢:《近年中国地方政府参与式预算试验评析》,《贵州社会科学》2011 年第 6 期。

③ 许琼华:《参与式预算与基层协商民主有效性——基于温岭的考察》,华东政法大学 2015 年硕士学位论文,第 39—40 页。

需要注意的是，全国范围内有许多基层协商实践虽然没有冠以"民主恳谈会"的名称，但事实上与温岭民主恳谈会非常相似。例如，山西襄垣将全县 325 个行政村分为资源型农村、城郊型农村、纯农型农村、工矿型农村四大类，依据实际情况分别开展基层协商探索。其中，针对城郊型农村最难治理的征地拆迁、环境卫生等棘手问题，古韩镇试点实行了"村务质询会"制度。"村务质询会"一般每季度末召开一次，超过 20 名代表提请也可临时召开。在"村务质询会"上，村民代表可以就村务、村财政、征地搬迁、环境卫生等向村两委提出质询，村两委需当场解答；个别问题当场解答不了的，由镇纪委督促村两委限期解答。① 襄垣的"村务质询会"制度与温岭早期的民主恳谈会非常相似，都是在行政村的范围内，针对村内公共事务，为基层群众提供舆情表达平台，让干群直接对话交流。襄垣的"村务质询会"也是一种民主恳谈实践。接下来，本书会对全国其他地方的民主恳谈实践进行简要介绍。

四、浙江象山县的"村民说事"

除了浙江温岭的民主恳谈会，全国许多地方也进行了类似的地方政府创新和基层协商实践。例如，从 2009 年开始，浙江象山县的西周镇就开始探索"村民说事"制度，2010 年，该制度在象山县全县 490 个村全面推广。"村民说事"制度以"说、商、办、评"为主要内容，"说"就是让村民说话，提意见建议；"商"就是大家一起商议；"办"就是商量的结果要落实，"评"就是村民对落实情况进行评价。"村民说事"制度实行以后取得了非常显著的效果，仅 2016 年，象山县全县农

---

① 冯耀明：《山西农村治理的协商民主实践》，《中共山西省委党校学报》2014 年第 3 期。

村"村民说事"就提交思路对策类建议 3600 余条,其中近 3000 条得到采纳并实施。① 2018 年,象山县深入学习贯彻党的十九大精神,推动"村民说事"向 2.0 版本迈进,打造更加全面合理的乡村治理新样本。

案例一:总人口只有 500 余人的贤庠镇民洋村,有 70% 以上的青壮年在外从事建筑行业工作。2013 年下半年,70 多岁的老人黄性珍和邻居聊天,说到儿女在外打工无法在身边照料自己,不禁伤感起来。"要是村里有能让老人集中吃住的地方就好了。"于是,两人决定把这事到"村民说事"会上提一提。会上,在场的村干部和村民们一下议论开了。"我们村是个大家庭,这事我们不管谁管?"时任村党支部书记的郑全亿当场表态,尽快征询镇政府、国土部门意见建议,并再次召开"村民说事"会议进行专题商议。半个月后,会议如期召开,大家一致同意修建老年公寓,事情得到落实。2014 年 10 月,总投资 350 万元的民洋村老年公寓竣工。如今,民洋村不少空巢老人搬进了老年公寓。②

案例二:2017 年 4 月,浙江省首本农村宅基地的所有权、资格权、使用权"三权分置"不动产证在象山县鹤浦镇小百丈村颁发。新引进的安可团队租用了小百丈村农房 15 处,土地近 6300 平方米,破败老宅变成了"香饽饽"。扎根乡村,安可团队负责人加入了"村民说事",为村庄的旅游发展带来新思路。③

有研究者以浙江象山的"村民说事"制度为案例,对乡村基层的

---

① 《象山积极探索新型村级治理机制 大事小事"村民说事"》,浙江在线:http://zjnews. zjol. com. cn/zjnews/nbnews/201706/t20170605_4168079. shtml,2018 年 5 月 29 日访问。

② 《大事小事好商量 象山"村民说事"创新乡村治理方式》,浙江在线:http://zjnews. zjol. com. cn/201711/t20171101_5498862. shtml,2018 年 5 月 29 日访问。

③ 应磊、俞莉、陈光曙:《象山 2.0 版"村民说事"打造"三治"结合乡村治理新样本》,《浙江日报》2018 年 5 月 25 日第 8 版。

协商民主进行分析。例如,王国勤以理性选择理论为研究方向,以政治系统理论为基础,试图构建一个系统化再造的分析框架。[①] 在他看来,"村民说事"制度的创新价值主要在于其不是单一的制度创新,而是多种行之有效的制度集成,是多维度的乡村协商民主系统化创新。"村民说事"制度包括回应、落实、问责全过程,涵盖了"村民说事、村务会商、民事村办、村事民评"等流程设计,并且通过实现参与主体的多元化、功能的系统化以及从意识形态到体制机制的全方位嵌入,实现了乡村协商民主的系统化创新。王国勤认为,与其他一些乡村协商民主实践相比,"村民说事"制度的主要创新在于其不局限于某一领域,而是一种系统性的创新,这也是其取得明显效果的主要原因。

随着现代化进程的持续推进,现阶段的乡村振兴和乡村社会治理面临的问题已经不是单一的问题,而是一系列经济社会问题。这些问题错综复杂地纠缠在一起,既有刚出现的新问题,也有一些长期存在的老问题;既有一些普遍性的问题,也有一些乡村社会特有的问题;既有一些机制层面的问题,也有一些思想观念层面的问题。一味依照"就事论事"的思维方式,单靠某一领域的制度创新,很难全方位地回应和解决这些问题。需要树立集成思维方式,依靠多维度、多角度、跨领域的制度创新来解决系列现实问题。这也是当前乡村基层协商需要注意的一个方面,即协商民主本身是一个系统制度设计,地方政府和村(居)两委要系统地考虑制度框架,综合运用多种办法举措,以系统思维方式推进乡村协商民主的发展。

类似浙江象山"村民说事"制度的案例还有很多。例如,江苏泗

---

① 王国勤:《乡村协商民主的系统化再造——以象山"村民说事"为例》,《浙江社会科学》2018 年第 12 期。

阳县试点了"小村说事日"制度,取得成功后又将该制度推广到了泗阳全县的 238 个村(社区)。仅 2019 年以来,泗阳县就开展了 1634 次"小村说事日"活动,搜集解决了 2187 个难题。[①] 活动参与主体既有党员群众代表和村干部,也有乡镇、街道的部门负责人;活动内容涵盖农房改造、土地流转等实际问题。针对基层民众诉求,泗阳县有情必知、有疑必解、有事必帮,营造了良好的政民互动关系。再如,自 2019 年 4 月以来,新疆昌吉州积极探索"村民说事日"乡村治理工作新模式,每月举行一次"村民说事日",集"干部问事、村民说事、现场答事、及时办事、派单办事、问效结事、定期评事"[②]等于一体,为村民提供了最直接的舆情表达渠道。以前,村民有什么意见建议要先反映给村两委,再由村里反映到乡里,乡里反映到县里,不仅程序烦琐,而且很多事情容易被搁置。如今,村民的表达减少了中间环节,大家能够当面把意见建议反映给乡干部、驻村干部,密切了党群、干群关系。这种方式也对政府回应提出了更高的要求,倒逼地方政府当面表态,高效率办事、结事,提高了基层社会治理水平。

五、湖北荆州沙市区"居民说事"制度

"村民说事"的城市版本可以称之为"居民说事"。湖北省荆州市沙市区的"居民说事"制度颇有代表性。在 2006 年,沙市区胜利街航空路社区开始探索该制度,2008 年,沙市区将该制度推广到城区 77 个社区。"居民说事"的关键是成立调解委员会,该委员会由两委班

---

① 张耀西、庄耀中:《干部群众聚一堂、难事急事当面议——泗阳有个"小村说事日"》,《人民日报》2019 年 12 月 24 日第 19 版。

② 耿丹丹:《听村民说事,解民情民忧——新疆昌吉州探索乡村治理工作新模式》,《经济日报》2019 年 12 月 28 日第 6 版。

子成员、社区党员、辖区机关和企事业单位负责人等组成,同时,还有一定数量的居民代表参加。居民代表由社区居民推选产生,大多是素质较高、能力较强、热心公益事业的老干部、老党员等。调解委员会全天候接受社区居民反映问题,一般每月有 3 个固定日期召开议事会,召集相关人员集中协商。湖北荆州沙市区的"居民说事"与浙江象山县的"村民说事"有异曲同工之妙,都是为基层群众提供表达、反映利益诉求的平台和渠道,人们在协商中解决问题,在解决问题中促进基层治理体系和治理能力现代化。

案例:"3 年了,终于又喝上了一碗干净水!"近日,湖北省荆州市沙市区雷家垱社区的袁顺菊大姐拉着记者说了句掏心的话。袁大姐是原荆州市建筑二公司职工,几年前因公司破产拖欠荆州水务集团水费,16 户原公司职工被停止供水。这些居民属于低保户,大家只好凑钱打了一口深 10 米的水井取水。可井水不仅用起来不方便,而且水质差、有异味,说起吃水大家心里苦得很。前段时间,居民们抱着试一试的心态来到社区说事厅反映情况,没想到,简单沟通几句后,社区干部立即与荆州水务集团联系上了。通过社区牵线,荆州水务集团与 16 户居民商定,过去拖欠的水费到公司破产清算时,由社区、居民协助荆州水务集团解决,居民今后自行按月交纳水费,16 户居民家中终于恢复了自来水供应。①

探索"居民说事"制度的不止湖北省荆州市沙市区,全国许多地方都进行了类似实践。例如,安徽省铜陵市铜官山区鹞山社区就大力推行"逢五说事"制度。从 2008 年开始,鹞山社区就探索实行"逢

---

① 《湖北沙市:社区办起"说事厅"》,人民网:http://cpc. people. com. cn/GB/64093/64387/10234381. html,2018 年 5 月 29 日访问。

五说事"制度,即将每月的 5 日、15 日、25 日设为固定时间,通过居民说事来化解基层矛盾,解决基层群众的实际问题。该制度在实施过程中有效地维护了社区的和谐稳定,增强了社区居民的共同体意识。再如,山东省济宁市任城区古槐街道的"居民说事"。古槐街道的"居民说事"缘起于辖区内吉祥社区的"逢四说事",即每周四晚上社区与基层群众平等协商,共同处理社区公共事务。2012 年,古槐街道全面推广"居民说事"制度,该制度实行几年来取得了显著效果,不仅化解了基层社会矛盾纠纷,而且密切了党群、干群关系。

六、云南省嵩明县的基层协商实践

云南省嵩明县的基层协商实践也是从"民情恳谈"开始的。早在 2004 年,云南省嵩明县建立了"民情恳谈"制度,广泛听取基层群众意见建议和利益诉求。后来这一制度不断完善,逐渐形成了以开放说事、民主议事、合力办事、公开评事为主要内容的基层协商机制。其主要包括四项内容,一是村民说事,为当地群众提供制度化的政治参与渠道。村民们按照规则自由发言,由相关工作人员对村民发言进行分类整理,并给出答复时限。过一段时间,还要由基层群众对解决效果进行监督评议。二是村务会商,每月至少召开 1 次民主议事会议,邀请本村政治参与热情较高的知识分子和基层群众参加。三是合力办事,激发群众参与村级公共事务治理的主动性、积极性。四是严格落实村务公开和财务公开,自觉接受群众监督。① 嵩明县的基层协商实践走了一条从"民主恳谈会"向综合性协商体系过渡的道路,

---

① 韩春霞:《云南省嵩明县基层协商民主研究》,云南大学 2016 年硕士学位论文,第 16—18 页。

即由"民主恳谈会"为突破口发展基层协商,取得一定效果后逐渐扩展,慢慢形成较为完备的协商体系。近年来,尤其是党的十八大以来,嵩明县的基层协商实践效果日益凸显,村两委和村监会的关系逐渐理顺,党群、干群关系和谐融洽,社会矛盾纠纷很好地化解在了基层,村里的公共事务得到了很好的治理。

七、河北馆陶县"干群恳谈例会"制度

1999 年之前,河北省邯郸市馆陶县路桥乡面临着突出的社会治理难题,当地上访、信访多发,党群、干群关系紧张。为有效应对这些问题,从 1999 年开始,当地尝试在每周一的晚上召开干群座谈会,对村里的公共事务、各类纠纷、群众诉求进行协商,取得了很好的效果。后来,这种做法逐渐推广到全县,并完善成"干群恳谈例会"制度。其一,24 名县领导同志直接下基层,每人联系 1 个先进村和 1 个后进村,直接与基层群众面对面。其二,对乡镇、村干部进行培训,规范"干群恳谈会"的规则和程序。其三,调动农村党员积极性,每人负责联系 2 至 3 个农户。其四,建立健全奖惩机制,树立典型村,推进"干群恳谈会"落实、落地。"干群恳谈会"为党员干部与基层群众之间搭建起直接沟通的桥梁,基层群众能够把意见、建议和利益诉求当面反映给干部,干部也能够给基层群众讲解大政方针和村里的规划。该制度还促使党员干部由被动应急处置问题转变为主动出击寻找问题,将大多数矛盾纠纷化解在了基层,实现了社会和谐稳定。近年来,馆陶县又在"干群恳谈例会"的基础上,推出了以村党支部为核心,以党员代办组织、恳谈排调组织、经济实体组织为平台的乡村治理新模式(简称"1+3"模式),进一步强化了基层党组织的服务意识,效果明显。

八、河北省的"企业和职工面对面恳谈"制度

从 2016 年 9 月开始,河北省在全省各类企业中积极倡导推广"企业和职工面对面恳谈"制度。该倡议由河北省总工会和省企业家协会共同发出。之所以发出此倡议,河北省有其独特的考虑。近些年来,河北省面临经济下行和环境保护双重压力,全省水泥、钢铁、煤炭等行业正处于从高耗能、高污染、低效益向绿色、环保、高效益的转型阶段。在此过程中,企业面临着生存和发展的压力,企业职工也面临着减薪、转岗甚至下岗的压力,由此产生了不少劳资纠纷,给社会和谐稳定带来不利的影响。据测算,河北全省压减过剩产能和治理大气污染将涉及百万职工,从 2014 年到 2017 年,全省平均每年要向社会释放下岗人员 25 万人左右。① 这对河北省保持经济发展和社会和谐稳定是一个不小的考验。为及时了解普通职工思想动态和利益诉求,防止因沟通不畅而引发劳资纠纷,河北省总工会和省企业家协会携手倡导推广"企业和职工面对面恳谈"制度。一方面,该制度能够为普通职工提供直接表达的机会,企业能够迅速了解普通职工的所思所想和愿望诉求;另一方面,该制度也能够为企业提供展示的机会,把企业现状、问题和规划真诚地展现给基层职工。借助"企业和职工面对面恳谈"制度,企业和职工实现了信息互通,在平等交流中相互理解对方的难处,在积极建言中共同商讨未来的出路。

---

① 李昱霖、宋玉辉:《河北全面推广企业和职工恳谈制度》,《工人日报》2017 年 7 月 31 日第 2 版。

第三节　城乡社区及其网络论坛

在全国的基层协商实践中,有不少是以论坛的形式运行的。当然,这种论坛的形式并没有统一的名称和规章制度,江苏新沂的"群言堂"、海南省五指山市水满乡的"乡村论坛"是其中的典型案例。相较于代表会议制度等其他形式,论坛形式的基层协商更加灵活,商议的事项更加多元多样。也正是因其灵活务实,所以论坛这种形式也更容易采取线下线上相结合的方式。

一、江苏新沂"群言堂"

2015 年 2 月,江苏省徐州市新沂市选取了辖区内的 4 个镇(街道)的 8 个村(居)试点"群言堂"形式的基层协商实践,在取得一定成效后,于当年 7 月推广到全市的 253 个村和 10 个社区。"群言堂"的具体做法是:按照网格化推选的方式,由村(居)民选举产生村(居)民代表,大约 5 至 15 户产生 1 名代表;只要有 5 名以上的代表提出议题,就可以将其纳入"群言堂"的议事程序;一旦有超过三分之二的代表同意,即形成决议,由村(居)两委组织执行;对于那些争议较大的事项,提交村(居)会议或者代表会议商议决定。"群言堂"制度,有效解决了在何处协商的问题。一般做法是,依托原有的村(居)务监督委员会,在村(居)综合服务中心设立"群言堂",让基层群众明确知道有了问题到何处去协商。"群言堂"的灵活务实体现在多个方面,例如,"群言堂"原则上每月召开一次会议,但也不拘泥于此,面临紧急议题可以及时召开会议。再如,群言堂并不追求一定要产生决议,有了共识更好,没有形成共识起码也实现了信息上的互通,既让党员干部了解了基层群众的所思所想,也让基层群众知道了村(居)两委的工作规划。

案例一:高原村有着几十年用稻草编草绳的历史,全村 400 多户家家都在摇草绳,户均年收入超 3 万元,"稻草卖出稻谷价"的高原草编是当地公认的一项致富产业。摇草绳离不了稻草,家家户户房前屋后随意堆放的稻草一直都是影响村庄环境的一大难题。2017 年,高原村两委下发通知,要求各家各户把稻草移到村外存放。谁知,通知刚一下发,群众就"炸了窝"。"编草绳还要跑到几里外的村口去拿稻草,来回折腾,太耽误工夫了。"66 岁的朱吉元第一个站出来反对。71 岁的杨全太甚至直接找到村支部书记杨洪志质问:"放到村外没人看管,丢了咋办? 让人一把火烧了又咋办? 这可都是花钱买来的。"甚至有村民直言这个决定太武断,是在和村民致富"对着干"。村民你一言我一语让杨洪志感到左右为难。如何解决这个问题? 杨洪志的"法宝"就是召开民主协商会。2017 年 10 月 15 日下午,在高原村村委会二楼会议室内,36 位党员代表和群众代表齐聚一堂,该村 2017年第 5 次民主协商会正在热烈进行中,大家激烈讨论的对象就是稻草。在这场专题讨论如何解决草垛子问题的会议上,稻草不进村的规定被党群代表集体否决了。最终的决议是,稻草可以继续放在各家门口,但要按照统一的"蒙古包"形状整齐堆放,形成一道"草垛风景"。"这样既能方便村民生产,也美化了村庄环境,还不影响环境卫生整治,真是一举三得。"杨洪志告诉记者,村两委和村民们对"群言堂"议出来的这个结果都很满意。①

---

① 《江苏新沂:"群言堂"议出基层民主协商新气象》,人民网:http://js. people. com. cn/n/2015/1126/c360300 - 27188164. html,2018 年 6 月 1 日访问。

案例二:"群言堂"中并非所有议题都能顺利通过。2015年夏天,港头村部分村民代表提议由村集体出资40万元修路。但在民主协商会上,另一部分代表认为应优先维修两个电灌站,议题未获通过。直到第三次协商会,党总支书记闫怀亮宣布上级水利部门将资助20万元用于电灌站维修。这一次,议题最终通过表决。①

二、湖南"板凳夜话""东湖夜话"新模式

2012年,湖南省临澧县烽火乡的部分村民自发提议,利用晚上的时间,对村里的公共事务建言献策。此种方法取得实效后,全省很多地方都先后借鉴"板凳夜话"这种新模式。长沙市芙蓉区东湖街道探索"东湖夜话"模式,也产生了较大影响。"板凳夜话""东湖夜话"都是把话筒交给基层民众,让基层民众有自由发言的平台和机会。同时,也让地方政府、村两委有了解基层民众所思、所想、所盼的机会,实现了观念上的提升和作风上的转变。借助这类平台,地方政府与基层民众之间实现了信息互通和平等交流,化解了很多基层矛盾纠纷,实现了社会和谐稳定。类似的案例还有很多,例如,安徽阜阳在全市开展"阜阳夜话"活动,参与的"领导干部1869人次,参与群众6.2万人次,收集问题6100余条,现场解决问题3600多条"②,有效畅通了领导干部与基层民众之间的沟通渠道,解决了很多基层民众关心的现实问题。

案例:第107期"东湖夜话——把话筒交给群众系列活动之征兵宣传"如期举行,记者来到长沙市芙蓉区东湖街道。社区小广场坐着

---

① 满东广:《让村民协商决定村里事》,《农民日报》2015年10月16日第5版。
② 游仪:《"阜阳夜话",架起沟通桥梁》,《人民日报》2020年1月2日第4版。

的除了一些老街坊,还挤满了新面孔,大伙聊得热火朝天。街道人武部部长刘胜告诉记者,这期东湖夜话是社会主义核心价值观的"爱国篇",专门为征兵开设。

"湖南电视台的节目《真正男子汉》播出后,我儿子很想去部队锻炼,但不知道当兵值不值?"龙马社区居民黄志强不了解部队情况,对部队到底能把孩子塑造成什么样心里没底,在投身创业和参军入伍上左右徘徊。对于父子俩的疑惑,退伍军人、吉美大酒店董事长张健鸣深有感触,他抢过话筒:"当兵练就了我的胆识,让我懂得成就一番事业要敢闯敢拼。我1980年应征入伍,当了16年兵,转业到湖南国际经济开发公司,后来单位破产,我带着一个班的人出来创业,刚起步时没有渠道和经验,公司倒闭了,还倒赔了几百万元,但军人这股不服输的血性韧劲一路支撑着我,越挫越勇,直到现在发展成资产过亿的酒店董事长。"居民们纷纷为这位从东湖走出去又走回来的老班长点赞。

"我家小孩沉溺于网游不能自拔,一玩就是一整天,不仅生活不能自理,脾气也变暴躁了,还经常夜不归宿。"刘荣贵大伯的儿子小宇去年高考失利后,一直闲在家里,他很想把小孩从网游的泥潭中拉出来。提到蜕变,主持人张照最有发言权。"大伯,我以前也是个'坏孩子',赌博、泡网吧。后来父母把我送进了部队,刚开始我是抵触的,但当我融入这个大家庭,发现自己成长、成熟了很多。5年的军旅生涯教会了我感恩,感恩父母,感恩组织,感恩社会,珍惜身边每一个关心自己的人。"张照一番动情的话引得大家纷纷称赞。

话音刚落,来自湖南农业大学的李晓青早已迫不及待。"我即将大学毕业,想去当兵,但却不了解当兵对大学生有什么优惠政策。"芙蓉区人武部军事科参谋闫国华接过话茬:"长沙为大学生参军入伍开通了从'校门'到'营门'的直通车,优先登记、优先报名、优先定兵、优先办理。退伍后可继续完成学业且补偿学费,最高8000元一学年;报考公务员,服役时间计入参加工作时间,在同等条件下加10分;退役后3年内参加研究生招生考试,初试总分加10分,等等。"一组翔实的数据让小李听了很是满意,对自己即将开始的军旅生涯满怀憧憬。

板凳连板凳,干群心连心。两个小时过去了,"夜话"现场,气氛热烈,轻松活泼,人武部干部的层层解析打消了青年对入伍的疑虑,老班长的"现身说法"更让适龄青年心里有了底。街道党工委书记尹卫平向记者介绍,"东湖夜话"这次与征兵宣传活动的完美结合,走出了军民融合的创新路子。[①]

三、海南五指山水满乡的"乡村论坛"

海南省五指山市的"乡村论坛"缘起于水满乡新村。2007年底,该村党支部在水满乡党委的指导下,探索建立集体讨论、集体献策、科学决策、化解矛盾、凝聚共识的村级事务治理平台,2010年,在原有的农民田间学校和村民集中讨论会基础上形成了"乡村论坛"。该论坛最初只是少数党员群众在一起学习政策法规和实用技术,后来参与范围扩展到了广大党员群众,学习内容拓展到了经济社会各个方面。"乡村论坛"还邀请了一些专家学者、市直机关领导干部、农林科技院校的专业老师等现场授课,组织本地致富能手、生产大户等现场教学,增加了互动交流环节。[②] 几年下来,"乡村论坛"在挖水井、建水塔、确定村里的增收示范户、商讨如何使用土地征用补偿费等基层公

---

① 周小雷、张柏平、周威:《"板凳夜话"唠征兵》,《湖南日报》2016年5月9日第6版。
② 贺海艳:《五指山市"乡村论坛"协商治理模式研究》,海南大学2016年硕士学位论文,第21页。

共决策方面发挥了显著作用,有效化解了基层社会矛盾,改善了党群、干群关系。

2012年,在五指山市委组织部的指导下,"乡村论坛"治理模式推广到水满乡的5个行政村。目前,"乡村论坛"已经形成了提出议题、确定议题、调查研究、集体商议、形成决议、推进落实、形成报告、反馈评议、总结提升等环节的完整治理模式。一般情况下,村党支部事前酝酿并形成初步共识,但在集体商议环节并不急于发言,而是让基层群众畅所欲言,形成共识的当场表决,分歧较大的暂不表决,待条件成熟时再议。这样既发挥了基层党组织的核心领导作用,又保障了基层群众的话语权。从过去几年的实践来看,"乡村论坛"在基层理论宣讲、应对征地拆迁问题、化解基层社会矛盾、增强基层公共决策科学性及合理性等方面发挥着积极作用。例如,该模式在应对风情小镇建设中的坟墓搬迁问题、修建猿岭公路波及个别沿途村民利益问题等作用明显。"乡村论坛"模式还多次获得荣誉和肯定,2017年,中宣部对全国39个基层理论宣讲集体进行表彰,其中,五指山市水满乡被评为基层理论宣讲先进集体。

当然,水满乡的"乡村论坛"还有很多不足之处。根据贺海艳的研究,"乡村论坛"还存在一些局限性,如缺乏支持运行机制的制度保障、缺乏有效的监督机制、村民政治参与缺乏广泛性、村民素质参差不齐、推广的方式方法比较单一、力度不够大等。[1] 但整体上而言,水满乡的"乡村论坛"正在发挥着重要的积极作用,有助于当地经济社会发展和治理体系、治理能力建设。

---

[1]　贺海艳:《五指山市"乡村论坛"协商治理模式研究》,海南大学2016年硕士学位论文,第26—27页。

第四节　综合性舆情表达平台

一个地方的基层协商实践并不必然只选择一种协商方式，而是可以在多重考量的基础上综合运用多种协商方式。尤其是对于很多开展时间较晚的基层协商实践而言，博采众长、为己所用不失为一种事半功倍的好方法。浙江临海、杭州湖滨街道和映月社区及吉林长春等地的基层协商实践大致属于此种类型。

一、浙江临海的基层协商实践

浙江省台州市临海市在搭建基层协商实践平台，拓宽民众参与协商议事渠道时，就选择了多种方式相结合的办法。2014 年 4 月，以《临海市建立基层民主协商议事制度工作方案》的出台为标志，浙江省台州市临海市开始了基层协商探索。根据郎友兴的归纳总结，临海市的基层协商可以概括为"344"，即三个平台、四个机制、四类协商。① 所谓三个平台，一是指镇村的基层民主协商议事会，镇（街道）民主协商议事会有 30 至 60 人，主任由镇党委副书记担任，成员有村（居）组织代表、基层知联会和基层商会等团体组织代表、本地在外代表以及部分党代表、人大代表、政协委员、企事业单位代表、老干部代表等，村（社区）民主协商议事会有 20 至 50 人，主任由党组织书记担任，成员有村两委、村监会、村综治组织、村妇委会、团组织、老年协会

---

① 郎友兴：《让农民的协商民主有效地运行起来：浙江省临海基层协商民主研究》，《中共浙江省委党校学报》2016 年第 5 期。

代表以及本村在外代表、老干部代表等;二是指同心会客室,采取节庆式聚客、民主日会客、议题式请客三种形式,疏导基层群众不满情绪,化解基层社会矛盾纠纷;三是网络互动平台,借助互联网技术,通过微信、QQ群、专用信箱等,拓宽基层群众参与渠道。所谓四个机制,一是指民主提事机制,即由镇村基层民主协商议事会提出重点议题;二是民主议事机制,即最大限度地扩大参与协商的范围,保障参与者的话语权;三是民主理事机制,即以半月报、公告栏等形式增强协商结果及其执行过程的透明度;四是民主监事机制,即设立督察小组进行督察,同时增强基层群众反馈机制建设。所谓四类协商,一是决策性协商,如下文案例所示,在重大公共事务决策之前的协商;二是执行性协商,即对执行决策过程中遇到的问题进行协商;三是监管性协商,即对重大事务进行监管开展协商;四是调处性协商,即对一般性公共事务进行调解处理的协商。临海市的基层协商综合了多种协商方式,其中,镇(街道)民主协商议事会和村(社区)民主协商议事会是最基本的协商平台,辅之更加灵活的同心会客室和网络互动平台,形成了较为立体完整的协商体系。当然,临海市的基层协商实践还存在很多不完善、不健全的地方,但这种综合式的协商体系为其他地方提供了一种思路和借鉴。

案例:临海市大田平原排涝一期工程是省重点项目,总投资达13.3亿元、工期为36个月。项目建成后,大田平原排涝将达10年一遇标准,防灵江洪潮达50年一遇标准。对这一民生工程的上马,饱受洪涝之苦的当地人无不欢欣鼓舞。但由于工程涉及村子多、征地量大,村民们各有顾虑。"邵家渡街道的工程建设用地达0.92平方公里,征地涉及22个村,一开始我们压力很大。"街道党工委书记项慧明告诉记者，当时正值市里推行民主协商议事会制度，"我们思量再三，决定放手试一试，大家的事情大家商量着办嘛"。率先"吃螃蟹"的是大路章村。2015 年 4 月 28 日，大路章村召开首次协商民主议事会，由村两委干部、村老年协会代表、党员代表、村民代表等组成的 22 名成员，你一言、我一语，气氛相当热烈。不少人提出："我们是农民，祖祖辈辈以土地为生。这些年因为搞建设，村里土地陆续被征用，以后的生活怎么办？"要让群众理解和支持，得先让群众受益。街道负责人有问必答，并当场承诺："按土地政策处理，街道不会与民争利。失地后的养老保险等问题，一定按照政策兑现，请大家放心。"很快，议事会达成一致意见。两天后，村民代表会议表示认可，同意征地。结果，22 个村只用了 32 天，就全部完成征地村民代表签字这项艰巨任务。对这一惊人速度，大路章村民主协商议事会成员周远跃解释："议事会上，什么需求都可以说，什么意见都可以提，问题全摊开了，大家心中的疙瘩自然也消除了。"①

二、浙江杭州"湖滨晴雨"工作室

2009 年以来，浙江省杭州市湖滨街道打造的"湖滨晴雨"工作室，取得了很好的治理效果，产生了广泛的社会影响。其主要做法体现在五个方面的机制建设上。一是多元化的信息共享机制，即以街道层面的"湖滨晴雨"工作室和社区层面的"民情气象站"为依托，聘请民情观察员，实行信息日报、周报、月报、年报制度，搭建信息共享平台。二是社情民意搜集报送机制，即依靠民情观察搜集各领域大小

---

① 周咏南、朱海兵、廖小清：《有事多和群众商量——临海创新基层协商民主纪事》，《浙江日报》2015 年 10 月 23 日第 4 版。

事情,归纳整理后报送有关部门。三是党政群沟通回应机制,即把基层群众反映的问题向上反映给有关部门,邀请有关部门召开民情恳谈会等,回应群众诉求,解决民生问题。四是公共问题协商机制,即采取多元主体共同参与协商的方法解决大小问题,"具体问题小协商",将小问题解决在街道和社区层面;"共同问题大协商",由政府相关部门组织,邀请专家学者、大众传媒与基层群众一起讨论,共同协商解决大问题。五是民生诉求回应机制,即将搜集到的民生问题相关信息提供给相关部门或者人大、政协,促进民生问题的解决,回应基层群众的民生诉求。"湖滨晴雨"工作室成功地承担起信息搜集、归纳、整理、报送、分享的工作,将上级政府、基层群众、专家学者、大众传媒等多元主体整合在一起,为其提供信息互通和协商交流的平台。该平台不仅有助于增强基层群众与党委、政府之间的相互信任,而且提升了基层群众参政议政、参与公共事务治理的积极性和能力,为党委、政府科学民主决策提供了重要依据。

案例一:湖滨小区老年人比例相对偏大,为老人服务一直都是湖滨街道的一项重要工作。老人吃饭难问题,也引起了观察员们的重视。针对部分孤寡、空巢老人居家养老一日三餐存在问题,观察员建议在街道附近设立老年食堂,方便老人用餐。同时,对一些腿脚不便、卧病在床的老人提供送餐上门等服务。这一提议很快得到了回应,事情的进展出乎意料地顺利。区民政局拨付食堂开办专项资金10万元,2011年5月,街道利用湖滨敬老院建立了湖滨老人百味食堂,配备专职司厨员和送餐员,除每天为敬老院老人供应一日三餐外,还为辖区内200余名腿脚不便及生病卧床的老人提供物美价廉的中、晚餐送餐服务。到2013年7月底,湖滨老人百味食堂已成功运营了两年多的时间,成为整个湖滨社区民生实事中的著名品牌。①

案例二:解放路 213 号位于解放路与青年路的交口,是一幢 8 层的居民楼,里面一共居住了 56 户人家。作为"湖滨晴雨"工作室的民情观察员,夏渝生大伯就住在这幢楼的 7 层,他对楼上楼下住户们用水难有着切身感受。大约在 20 年前,夏大伯想要顺利用上自来水,就必须每天半夜起床接水,存着用。"后来自来水公司经过协调,决定向边上的杭州服装公司'借水'。"即从杭州服装公司的水箱引水到他们这幢楼的屋顶水箱,以满足居民的用水。这一借就是 20 年。时间长了,新的问题又产生了。"水是可以顺利用上了,但经过几次的转运后,自来水产生了二次污染。夏天的时候,水管里还能放出小虫子。"走访邻里,夏大伯和其他住户一致认为:唯一的办法就是由自来水公司直接供水,一户一表。夏渝生把 56 户居民的用水难题以及居民们的想法反映到自来水公司和市政府相关部门,并在第一时间把这件事反映给了"湖滨晴雨"工作室。问题反映上去后,引起了杭州市水务控股集团的重视。现场察看后,杭州市水务控股集团给出一个方案:楼层太高,考虑到水压的问题,要一户一表,必须要安装增压水泵。不久后,"湖滨晴雨"工作室察看现场,收集居民意见。居民们有不同看法:安装增压水泵预估需要 20 万元,居民们分摊不合适;住在一楼的居民不赞成在地下室安装压力水泵,认为噪音太大。此后,东平巷社区通过"湖滨晴雨"工作室多次召集居民代表召开意见征询会。会上,"湖滨晴雨"工作室的工作人员徐利民还将居民代表们反映的社情民意通过工作室平台向市人大、政协等渠道反映。多次协

---

① 黄文雅、郑晓妮、沈燕鸣:《"湖滨晴雨"工作室:触摸民主,感受民生》,浙江在线:ht-tp://hangzhou.zjol.com.cn/system/2013/09/24/019610608.shtml,2018 年 6 月 1 日访问。

商后,东平巷社区解放路213号的用水问题终于有了突破性的进展。在近日召开的协调会上,初步决定,六楼以下的住户,杭州市水务控股集团将统一安装水表,一户一表,停用楼顶水箱;对无法安装水表的住户,由杭州服装公司直接供水。目前,一至六楼管道施工已基本完工,社区正在组织居民申请办理一户一表。至此,解放路213号的用水问题彻底解决了。①

案例三:发动上街"挑刺"　助力杭州争创文明城市

背景与概况:"全国文明城市"是国家授予一座城市的最高综合荣誉,全面反映了一座城市的经济发展水平、社会文明程度、综合环境质量和社会保障水平,是一座城市最有价值的无形资产和最珍贵的城市品牌。近年来,杭州大力推进"文明兴盛"行动,不断提升市民的文明素质和城市文明程度,让"最美"现象成为普遍现象。事实上,早在2011年,"湖滨晴雨"工作室就鼓励民情观察员上街"挑刺",为创建"全国文明城市"工作找问题、出点子,为有关部门做好查漏补缺工作提供第一手资料。

主要做法:一是鼓励民情观察员上街"挑刺"。2011年,杭州市发出"争创全国文明城市"的号召,"湖滨晴雨"工作室对此予以积极响应,全年组织12批次、200余位民情观察员走街串巷,对一些不文明事件和不文明行为进行"挑刺",对不走斑马线、随地吐痰等不文明行为及时劝导。二是做好梳理总结及信息报送。在"挑刺"的基础上,"湖滨晴雨"工作室还对各类不文明现象进行梳理分类,围绕环境风貌、文明出行、文明用语、志愿服务四方面存在的问题提出具有较强

---

① 毛长久、刘婷婷、丁春早、蒋剑俊:《湖滨晴雨工作室:解放路213号56户居民的用水难题妥善解决》,浙江在线:http://hangzhou.zjol.com.cn/system/2013/08/02/019510818_03.shtml,2018年6月1日访问。

针对性、建设性的意见建议,先后向上报送5期舆情专报,得到市委领导的高度肯定。三是不断探索与创新监督形式。"湖滨晴雨"工作室积极发动群众共同参与"挑刺"活动,不少党员代表、居民小组长、楼道长纷纷加入其中。此外,"湖滨晴雨"工作室还在多个社区办事大厅设立意见征集箱,面向广大居民和共建单位征集"金点子",形成了全社会自我教育、自我管理、自我监督的良好局面。

成效与反馈:在全体民情观察员的努力下,相关建议受到杭州市委的肯定。杭州市委副书记专门做出批示:建议市级媒体开辟专栏,公开曝光市民"挑"出来的突出问题,督促有关方面落实整改。

专家点评:争创全国文明城市是优化营商环境、完善城市承载功能的必然要求,杭州市在争创全国文明城市方面做了大量工作,凸显了斑马线前车让人等亮点,成绩有目共睹。"湖滨晴雨"工作室的做法,提供了三点启示。一是把文明创建与民生工程有机结合。"湖滨晴雨"工作室在解决危旧房改造、拆除违章建筑、修复受损马路等民生问题上发挥了实效,增强了基层群众对文明创建的认同感、获得感。二是有效提升城市治理精细化水平。市容环境、公共秩序是文明创建中的老大难问题,"湖滨晴雨"工作室鼓励民情观察员"上街挑刺",是提升城市治理精细化水平的妙招,形成了文明创建"人人都是监督员、人人都是参与者"的有利局面。三是畅通民意表达渠道,助力创建成功。市民是城市的主体,市民素质是城市文明的灵魂,在文明城市创建中市民起着根本性的作用。"湖滨晴雨"工作室的最大亮点,是将收集的点滴民情民意以最有效的途径报送至政府相关部门,真正使得市民的智慧转化成为创建全国文明城市的动力。①

---

① 根据2019年12月"湖滨晴雨"工作室资料整理。

三、浙江杭州映月社区"四会"制度

浙江省杭州市拱墅区祥符街道映月社区是一个较为特殊的社区。映月社区中的楼房主要由经济适用房和廉租房组成,低保困难人员多、残疾人员多、有"两劳"经历的人员多的"三多"特点对社会安定团结和社会治理创新提出了更高的要求。映月社区实行的"四会"制度是指民情恳谈会、事务协调会、工作听证会、工作成效评议会四类协商平台。其中,民情恳谈会是社区居委会针对社区公共事务或者基层群众共同关心的话题与基层群众之间的沟通交流机制。借助民情恳谈会,居委会能够及时掌握基层群众的意见、建议和利益诉求,基层群众也能够及时了解国家大政方针和本社区的状况、问题、未来规划等。事务协调会是社区两委针对基层矛盾纠纷等,召集党员代表、居民代表以及利益相关者,就公共事务进行协商协调的机制。借助事务协调会,社区能够把基层矛盾纠纷化解在基层,维护本社区的和谐稳定。工作听证会是政府部门或者居委会就涉及本社区的公共决策,邀请居民代表、专家学者、大众传媒等进行事前听证的机制。借助工作听证会,社区能够了解利益相关者对公共决策的态度,促进科学决策、民主决策、合理决策、依法决策。工作成效评议会是居委会邀请基层群众对居委会或者相关政府部门进行年度、季度或者临时评议的机制。借助工作成效评议会,社区能够将基层群众民主监督的权利落到实处,提升政府部门对基层群众负责的自觉性。

四、吉林长春朝阳区"3354"工作模式

吉林省长春市朝阳区创新基层协商民主实践,创设"3354"社区工作新模式。所谓"3354",就是三级协商机制,三个延伸方向,五项

制度保障，四类协商内容。因其基本涵盖了基层协商的主要内容，所以可以归入综合性舆情表达平台。具体而言，三级协商机制，包括了政府与社区之间的协商议事机制，社区与驻区机关事业单位、社会组织、物业公司、业主委员会之间的协商议事机制以及居民与居民之间的协商议事机制。三个延伸方向，包括协商主体、协商内容、协商平台与渠道三个方向的扩展与延伸。五项制度保障，包括参与、公示、协调、督办、评议五个方面的制度保障。四类协商内容，包括公共决策类的协商、管理类的协商、监督类的协商、选举类的协商。通过"3354"工作模式，长春市朝阳区建立了较为系统的基层协商体系，为基层群众打通了便捷的协商渠道。

第五章　基层协商中的
舆情表达和舆情关系问题

近年来,尤其是党的十八大以来,舆情表达伴随着基层协商的稳步推进而获得了长足的发展。在实践中,广大基层群众获得了越来越多的发声渠道和机会。在理念上,舆情表达和基层协商已经成为社会各界广泛支持和认同的民主机制。不论是党员干部还是基层群众都普遍认同有协商的民主优于无协商的民主,遇事多协商的民主要优于少协商的民主,主动协商的民主要优于被动协商的民主。与此同时,也必须承认,在基层协商的实践中还有不尽人意的地方。这些问题从舆情的角度看,就是基层协商中的舆情不洽。所谓舆情不洽,就是在基层协商过程中,因为各种不利因素导致舆情表达、汇集不畅甚至中断,影响到整个舆情表达过程。

第一节　舆情表达主体事实上的不平等

一、如何理解基层协商中舆情表达主体的平等与不平等

如果将平等理解为毫无差别的一致,显然不符合协商民主的本

意。现代意义上的协商民主之所以产生和发展,一个重要背景是社会多元化。社会结构变动、利益格局调整、思想观念多样等既为协商民主提供了客观社会环境,也是其发挥实际效用的必要条件。假如社会的同质性过强,不需要价值偏好转换就能轻而易举取得一致意见,那么协商民主的有效性将大打折扣。协商民主的有效性建立在社会多元化基础之上,它所追求的平等也非一般意义上的同质。

反过来讲,在分析协商民主特别是基层协商时,不宜将平等与差异视为对立概念。协商民主要求地位平等的多元主体参与其中,但不排斥主体间的身份差异。地方精英与普通民众之间的身份差异,并不必然给基层协商带来消极影响。实际上,现阶段的基层协商经常在地方精英与普通民众之间进行,毕竟不同阶层之间的利益诉求和价值观念分歧更大,更需要通过协商来解决。准确理解协商民主视野中的平等,不能过分扩大其外延,将其与社会多元化等概念对立。

詹姆斯·博曼的相关论述为准确理解基层协商中的平等与不平等提供了重要借鉴。"在任何情况下,主导民主的平等条件起码都能保证每个公民都有同等地位,且被平等对待。虽然平等条件常常是反事实的,但它必须能够在实际协商中被实现。故而,上述理想标准就成了协商制度设计中的最低阀限(threshold)或过滤性要求。协商中的平等必须强到足以保证将所有公民包容在协商之内,并将外在的或内生的影响,如权力、财富和已有的社会不平等排除在外的地步。"①在他看来,协商民主主体间平等起码包括两个方面,一是保证所有人自由进入协商民主范畴,二是保证协商不受权力、财富等外在

---

① [美]詹姆斯·博曼著,黄相怀译:《公共协商:多元主义、复杂性与民主》,中央编译出版社 2006 年版,第 32—33 页。

因素影响。

国内研究者也多持类似观点，例如，马来平就认为，"不论协商者原先身份贵贱、财富多寡、文化水平高低等，一旦进入协商，每个人所拥有的社会属性都将自动退隐，而只有一个共同的身份：协商者；其次，协商双方应当信息对称"[1]。在这里，他突出了信息的重要性，将信息对称视为协商主体地位平等的必要条件。他所理解的信息较为广泛，包括与协商内容相关的信息资料以及通过实地调研获取的一手材料等。而在实际的基层协商中，公共决策开始实施之后的信息反馈往往更成问题，更容易产生事实上的不平等。

在詹姆斯·博曼等人研究的基础上，结合国内基层协商实践，可以大致厘清基层协商中的平等与不平等。作为协商民主应有之义的主体间平等，本质上是一种权利，指的是所有民众都能自由参与协商，在协商过程中免受他人过度影响甚至威胁，对公共决策产生实质影响，获得及时而充分的信息反馈。所谓基层协商主体间事实上的不平等则是指这种权利的丧失或削弱，具体指的是权力、财富、声望导致的地方精英与普通民众之间的差异将一部分民众排除在了协商范围之外，使其实际丧失了自由参与协商的权利，以及这种差异突破了协商民主的规则限定，造成一部分人对他人和公共决策的影响过度，并且导致普通参与者无法获得及时而充分的信息反馈等。

二、事实上不平等的典型表现

按照协商民主的一般过程，事实上的不平等大致包括四种典型。

其一，参与协商机会的不平等。规范意义上的协商民主具有很

---

[1]　马来平：《关于协商民主的若干认识问题》，《贵州社会科学》2014 年第 10 期。

强的开放性和包容性，原则上任何民众都有自愿参与协商的权利和机会，但在实践中，许多民众事实上并未获得"出席"基层协商的平等机会。制度设计和参与成本是导致参与机会不平等的两个关键性因素。尽管赋予了民众自愿参与的权利，但基层协商仍然以代表制为主，容易形成"代表长期做代表"而其他民众较少参与的惯性。在人口大规模流动背景下，农村地区的外出务工人员和城市中的工薪阶层不得不考虑交通成本和时间成本，很多时候宁愿放弃参与协商的机会。

其二，受重视程度上的不平等。即使获得了"出席"的机会，民众在发言过程中的受重视程度也不相同。在农村地区，富裕群体、强势家族代表的发言往往更受重视；在城市社区，机关事业单位从业人员和富裕群体的发言往往更受重视；在企事业单位内部，发言的受重视程度往往与发言人的级别、职称、资历呈正相关。同样是参加基层协商，地方精英的态度和言论无疑更受重视。相比之下，普通民众的态度和言论的重要性自然相去甚远。

其三，观点影响决策的不平等。规范意义上的协商民主应当体现治理的理念，要求多元主体互动，通过理性沟通达成一致意见。但现实中，从协商到形成共识再到决策，参与者发挥的作用千差万别，或者说，参与者的观点对公共决策的影响程度并不相同。个别情况下，普通民众的观点被地方精英的强势影响力压制、裹挟，无法有效影响公共决策，与治理理念背道而驰。

其四，获得信息反馈的不平等。规范意义上的协商民主拥有完整、畅通的信息传输系统，不仅保障参与者发言交流过程中的信息对称，而且保证参与者获得决策开始实施后的信息反馈。但在实际中，参与者获得信息反馈的频次和重要程度并不相同。地方精英因其参与公共事务机会多、社会交际面广、获取信息渠道丰富,能够更充分、更及时地获得信息反馈,也更容易获得那些重要的核心信息。与之相比,普通民众获得信息反馈的机会和渠道则要少得多,尤其是那些核心信息。在单次基层协商中,信息反馈的不平等导致协商过程的完整性受损。如果从更长远的角度看,信息反馈的不平等将会加剧地方精英与普通民众之间的差别,引发新一轮事实上的不平等。

三、事实上不平等的影响因素

根据主体间事实上的不平等,可以大致区分出地方精英与普通民众。一般情况下,地方精英总是在与普通民众的比较中居于有利位置。到底是什么原因导致地方精英与普通民众在基层协商中事实上的不平等,或者说,不平等的影响因素有哪些呢?在很多情况下,财富、声望、能力是影响基层协商平等性的三个主要因素。

其一,财富。与城市和企事业单位相比,农村地区的基层协商受财富因素影响更为明显。这既与农村处于熟人社会、经济来源相对单一、内部贫富存在差距有关,也深受现阶段农村地区大规模开发建设的现状影响。在事关资源开发、基础设施建设、招商引资、征地拆迁等事项的基层协商中,财富的作用尤为明显,掌握财富资源的参与者甚至能够起到决定性作用。即使在一般性事项的基层协商中,驻村企业代表和私营企业主等也往往较之普通村民拥有更多话语权。值得注意的是,在东南沿海一些较为富裕的农村地区,占据一定人口比例的外来务工人员虽然参与协商,但因户籍、财富、福利等各方面的限制,导致其事实上无法与本地人相提并论。

其二,声望。在影响基层协商平等性的诸要素中,声望不像其他因素那样显而易见,但却不容忽视。在农村基层协商中,有些参与者拥有较强的影响力,如强势家族的族长等。城市基层协商中有类似情况。在企事业单位的协商中,有些年龄大、资格老的参与者虽然职务和级别不高,但却拥有更多的话语权。究其原因,他们优势地位的获得是类似于韦伯在阐述其分层理论时提到的"声望"。这部分人凭借其学识、经验、资历等获得多数人的肯定性评价和社会承认,在基层协商中具有超出一般人的影响力。

其三,能力。作为不断变化着的地方实践,参与者的能力差异往往在具体协商过程中起到至关重要的作用。有些参与者并不掌握财富,也没有足够的声望累积,但能够很快熟悉协商程序和协商规则,也愿意付出更多的时间和热情。"通过调查分析,有意参与协商的公民,似乎有集中于高教育程度、积极参与公共事务人士的迹象。"①或许这类参与者一开始并没有表现出与众不同,但通过发言辩论逐渐获得了其他参与者的信任和支持。借助基层协商这个平台,他们理性思辨、条理清晰、擅长说服的能力得到体现。此时的他们在协商之外仍旧属于普通民众,在协商之内却具有了一定影响力,在受重视程度等方面区别于普通民众,属于基层协商中的精英群体。

四、事实上不平等的消极作用

其一,忽视和损害相对弱势群体的权益。"在一定程度上,表达上的弱势群体,也是现实中的弱势群体。"②主体间不平等的最直接影响是对原本就处于相对弱势地位的群体更加不利,导致其权益受损。这包括两个层面,一是相对弱势群体无法充分表达其利益诉求,或者

---

① 戴激涛:《协商民主研究:宪政主义视角》,法律出版社2012年版,第246页。
② 人民日报评论部:《倾听那些"沉没的声音"》,《人民日报》2011年5月26日第14版。

其利益诉求被刻意忽视从而无法对公共决策产生实质影响,最终在现实利益方面受损。二是相对弱势群体在基层协商中的话语权无法正常行使,最终在权利方面受损。

其二,影响公共决策的科学有效。从协商到形成共识再到决策,是基层协商产出公共决策的正常逻辑。在此过程中,广泛的民众参与、充分的意见表达、基于公共理性的价值偏好转换和意见整合,能够缩短民众与决策之间的距离,保障公共决策的科学有效。主体间不平等破坏了上述必要条件,扰乱了从协商到共识再到决策的正常逻辑,无法保证公共决策的科学有效。

其三,削弱矛盾调处的实际效果。狄金华在分析河镇的家户间纠纷时归纳了四种解决途径,即村组干部调解、法律诉讼、信访、暴力,其中绝大多数纠纷是由村组干部调解。① 村组干部调解逐步制度化,能够演变成基层协商的一种重要类型,即矛盾调处型。此种类型的基层协商有利于解决基层社会的各类矛盾纠纷,实现矛盾各方之间的相互谅解和利益整合,消除不稳定因素,实现社会安定团结。不过,主体间不平等使矛盾各方无法在平等状态下协商,即使表面上达成共识,也很难消除纠纷背后的深层次原因,严重削弱矛盾调处的实际效果。

其四,破坏以公共利益、公共理性为价值追求的协商宗旨。规范意义上的协商民主不以多数人的利益为追求,更不以少数人的利益为目的,而是旨在实现超越个体和局部的公共利益。这就要求每个参与者摒弃基于个人或小团体利益的博弈思维,转而秉持基于公共

---

① 狄金华:《被困的治理:河镇的复合治理与农户策略(1980—2009)》,生活·读书·新知三联书店2015年版,第216—224页。

利益的公共理性,奉行全体同意原则。换言之,参与者应从公共利益角度出发思考问题、发表意见,以公共理性为标准评判他人观点。主体间不平等既违背了协商民主追求公共利益、公共理性的初衷,从长远来看也是对该宗旨的一种破坏。

除此之外,基层协商主体间事实上的不平等还容易破坏协商程序和协商规则的权威性,阻滞基层协商的制度化、法治化建设。从更加宏观的角度看,基层协商主体间事实上的不平等还不利于地方政府创新和深化机制改革,不利于基层社会治理体系和治理能力的现代化。

第二节　舆情无序表达

基层协商中的舆情无序表达,是指在具体基层协商过程中,参与者没有按照规定程序进行,破坏了协商规则和协商程序。有些舆情表达无序是由于参与者对协商规则和程序不了解、不熟悉,而有些舆情表达无序则是因为参与者过度强调自身利益,漠视协商规则和程序。不论何种原因,舆情无序表达都意味着基层协商的混乱和无效。舆情无序表达存在程度上的差异,有些舆情无序表达是对协商规则和程序的彻底破坏,导致协商陷入瘫痪状态;有些舆情无序表达是对协商规则和程序的部分破坏,协商还在继续,但实际上已经偏离了最初的设定。

导致基层协商中舆情无序表达的一个重要原因,是我国改革开放进程中日益明显的利益主体多元化。改革开放四十多年来,我国经济社会的各个方面都发生了显著变化,原来的阶层、群体和利益关系被重新整合,利益主体多元化趋势日益明显。尤其是随着移动互联网和新型城镇化的快速发展,人口和信息的自由流动更是加剧了这一趋势。即便是在原来利益主体单一的广大农村地区,在改革开放大背景下,各个主体的利益诉求也已经呈现多元化。留守者与外出务工人员的利益诉求不一样,第一代外出务工人员与第二代外出务工人员的利益诉求也不一样。利益多元化意味着利益整合的难度增大,基层协商参与主体为获得自身利益而彼此排斥甚至对抗的几率增大,舆情表达很容易陷入无序境地。

导致基层协商中舆情无序表达的第二个重要原因,是目前我国基层协商的制度还不够完善。尽管各地陆续开展了一系列的基层协商实践,但从整体上看,我国的基层协商还处于探索阶段。不管是代表会议制度、民主恳谈会,还是其他基层协商形式,都还处于逐渐完善的过程当中,法律法规、协商平台、协商规则、协商程序、保障机制等还有待进一步健全。体制机制的不完善,导致参与者在某些情况下,会按照有利于自身利益的方向来理解和解释协商规则。而一旦协商推动者和主持人的威信不够高,那么基层协商就很容易走向无序。

导致基层协商中舆情无序表达的第三个重要原因,即参与者尚未形成良好的公共理性和协商能力。受传统思想文化影响,基层参与者的公共理性和协商习惯还有待提高。尤其在某些农村地区,这方面的问题体现得更加明显。有些基层群众不能从公共利益角度出发思考问题,过分强调自己家庭、家族的利益,甚至不惜以损害集体利益为代价。有些基层群众不了解协商规则和协商程序,无法准确、完整、充分地表达意见和诉求。还有些群众过分坚持自己的诉求,不能从别人的角度分析问题,不能倾听别人的意见建议。参与者在公共理性和协商能力方面的欠缺,很容易导致舆情表达走向无序。

导致基层协商中舆情无序表达第四个重要原因,即个别地区受到消极价值观念和思想文化的影响。改革开放以来,我国社会的价值观念日趋多元多样,尤其是随着移动互联网的迅速发展和人口的大规模流动,多元多样的趋势更加明显。伴随着这一过程,某些消极价值观念和思想文化慢慢滋生,例如,拜金思想、虚荣心理、追求个人享受等。这些消极价值观念和思想文化与基层协商追求的公共理性相悖,对基层协商造成了不良影响。近些年来,网络消极文化对青少年群体的消极影响日益显现,从长远来看,也不利于协商民主的健康发展。各类消极价值观念和思想文化对基层协商的影响,突出表现为过分强调个人利益,甚至不惜损害集体和他人利益。在协商实践中,持此类消极思想的参与者很容易误导其他参与者,导致协商场面的混乱和舆情表达的无序。

导致基层协商中舆情无序表达第五个重要原因,即部分农村地区"差序格局"的深远影响。"差序格局"是费孝通在《乡土中国》中提出的概念,简要理解,就是中国的传统乡村社会是以自身为圆心,按照亲疏远近由中心向外延扩展的关系网,就像是一颗石子投进水中之后形成的一圈圈波纹。此概念通常被用来描述中国的传统乡村社会,中华人民共和国成立以来,我国的乡村社会发生了翻天覆地的变化,与传统乡村社会已经有了很大的区别。不过,传统乡村的价值观念和风俗习惯不是短时间内就能改变的,差序格局事实上在我国目前的乡村社会仍然适用,仍能够在一定程度上用来理解和描述中国乡村社会。在目前仍然讲究差序格局的乡村社会,村民的血缘、地缘、宗族、等级观念较重,与基层协商追求平等原则在一定程度上是不相符的。一方面是看重亲疏等级的差序格局,一方面是追求平等参与的基层协商,一旦在某些协商事项上不统一,就很容易带来舆情表达的无序。

第三节 舆情无效表达

舆情表达无效是目前基层协商实践中较为常见的问题之一。这里所说的无效,是与有效性相对的一个概念。政治学中的有效性往往是指政治系统的实际功能和效果,不同学者在不同语境中对这种功能和效果的阐述会有所不同。例如,西摩·马丁·李普塞特认为:"有效性是指实际的行动,即在大多数居民和大企业或武装力量这类有力量的团体看政府的基本功能时,政治系统满足这种功能的程度。"[①]按照林尚立的论述,执政活动的有效性"就是指执政给经济、社会和文化的发展带来符合其内在规律的实际效果"[②],"对于现代化和经济持续发展来说,有效的国家的本质意义在于能够有效地供给经济与社会转型、发展所需要的制度资源。制度能够为转型和发展提供明确的发展方向、有序的发展空间和规范的行动逻辑"[③]。相比之下,西摩·马丁·李普塞特所说的有效性侧重经济领域,而林尚立的论述则侧重政治领域特别是制度供给方面。不过,他们对于有效性的理解在本质上是一致的,即政治系统的实际功能和效果。

---

① [美]西摩·马丁·李普塞特著,张绍宗译:《政治人:政治的社会基础》,上海人民出版社 2011 年版,第 47 页。

② 林尚立:《中国共产党执政方略》,上海社会科学院出版社 2002 年版,第 30 页。

③ 林尚立:《在有效性中累积合法性:中国政治发展的路径选择》,《复旦学报(社会科学版)》2009 年第 2 期。

　　具体到基层协商,有效性指的就是基层协商所起到的实际功能和效果,并且效果与预期差距不大或者好于预期。参与者借助基层协商平台表达意见和诉求,对解决具体问题、科学合理决策、健全体制机制、培养公共理性等起到积极作用时,该舆情表达是有效的。但当舆情表达起不到实际效果,或者效果与预期差距较大时,我们可以说该过程是无效的,即舆情无效表达。有些地方的基层协商议而不决,将协商会开成了"茶话会""神仙会""通气会",就是典型的舆情表达无效。

　　导致舆情表达无效的主要原因包括:

　　其一,某些干部群众对基层协商的重要性认识不足。尽管中央已经对基层协商的重要性详细说明,全国许多地方也出台了类似的地方性文件,但还有干部群众对基层协商的重要性认识不足。黎雪源等人在分析部分地区基层协商的问题时发现,某些党委、政府重视程度不够,基层干部的人治思想根深蒂固,基层群众对协商民主的认识还不充分。[①] 干部群众对基层协商重要性的认识不足,削弱了协商过程中舆情表达的有效性。

　　其二,某些参与者的协商能力不足、协商意识淡薄,影响了舆情表达的有效性。在一个理想的基层协商中,参与者必须具备足够的协商能力和协商意识。但在目前的协商民主实践中,很多参与者的协商能力和协商意识还有一定欠缺。例如,余涛在北京市东城区的调研中发现,一些群众对基层协商的认识尚有不足,参与度不高,在这种情况下,以街道办为主要代表的有关部门为了推进基层协商顺

---

　　①　黎雪源、陈晓莉、彭辉、贺东华:《进一步完善和发展基层协商民主的调查与思考》,《萍乡学院学报》2016年第1期。

利进行只能硬性指派,这又使得部分社区干部和居民代表敷衍应对。① 其实,类似这种情况并不鲜见,多数基层协商实践都不同程度地遇到了基层群众参与积极性不高的问题。有些基层群众害怕得罪其他参与者,或者不愿付出时间等成本,或者认为自己在协商中"可有可无""说了也白说",因而参与协商的热情不高。还有很多基层群众只是被动参与,走过场的情况更多一些,没有真实完整地表达意见和诉求,这直接影响了舆情表达的有效性。

其三,监督问责机制的不完善影响了舆情表达的有效性。监督问责是基层协商的重要组成部分和必要保障。尽管各地基层协商实践取得了很大进展,但从整体上看,在监督问责机制方面仍有一些不完善。尤其是某些农村地区的基层协商,受大量人员外流务工、参与者文化程度不高、传统习俗等因素影响,监督问责方面的欠缺更为明显。监督问责机制的不完善,意味着参与者的平等话语权得不到切实保障,很有可能影响到舆情表达的有效性。

其四,某些传统思想文化束缚了基层群众正常的舆情表达。很多基层群众特别是农村基层群众,仍然认为政治是精英群体的事情,与自己无关。很多人秉持中庸思想,在协商过程中害怕得罪人,不愿意表达自己的真实想法,在不触及自己切身利益的情况下不愿意表态。还有很多人缺乏共同意识和公共理性,只关注自己的家庭和家族利益,只要对自身利益有益的事情都行,只要对自身利益有损的事情都不行,不愿意从公共利益层面思考问题。同时,某些基层干部将自己定位为替民做主的父母官,工作方法简单粗暴,压缩了基层群众

---

① 余涛:《多维视域下的基层协商民主建设——基于北京市东城区基层协商民主建设情况分析》,《安阳师范学院学报》2016 年第 4 期。

的表达空间。

第四节　基层协商与公共决策脱节

一、如何理解基层协商与公共决策之间的逻辑关系

在现阶段，协商民主是一个广泛多层的概念。正如习近平总书记《在庆祝中国人民政治协商会议成立65周年大会上的讲话》中所言："涉及全国各族人民利益的事情，要在全体人民和全社会中广泛商量；涉及一个地方人民群众利益的事情，要在这个地方的人民群众中广泛商量；涉及一部分群众利益、特定群众利益的事情，要在这部分群众中广泛商量；涉及基层群众利益的事情，要在基层群众中广泛商量。"

一般认为，协商民主能够提升公共决策的科学性和实效性。其一，从参与者的范围来看，"协商民主坚持广开言路、畅所欲言，使社会各方面的意见和要求都能够得到充分表达"①。与其他决策模式相比，协商民主能够包容更加多元的利益相关方，征求更加全面的意见建议，所以更有可能制定出符合公共利益和公共理性的公共决策。其二，协商民主本身也是一个广泛的宣传和说服过程。"公众能够参加政策的讨论和协商，就会感到决策的程序是公正的，并倾向于支持

---

① 包心鉴：《论协商民主的现实政治价值和制度化构建》，《中共天津市委党校学报》2013年第1期。

并自觉遵行这个决策的实施。"①通过协商,利益相关方能够熟悉协商事项和协商过程,理解并支持公共决策,减少决策具体执行过程中的阻力。其三,协商民主不仅协商于决策之前,也能协商于决策之中,随时应对环境变化、纠正决策失误。

作为协商民主的常见形式,基层协商承载了大量涉及基层民众切身利益的决策。从提升公共决策科学性、实效性的角度来看,基层公共决策应以基层协商为前置环节,即基层协商在前,公共决策在后,基层协商作为公共决策的必要条件而存在。需要注意的是,并不是说公共决策开始实施之后就不再进行协商,而是公共决策的制定应在前期协商基础之上。进一步讲,"政府与公民的协商,既是达到民主决策的必要环节,同时这种协商本身就是一种民主实践"②。公共决策以基层协商为前置环节,说明基层协商嵌入了公共决策过程,成为形成决策过程中不可或缺的关键环节,或者说,基层协商本身就是一种民主的公共决策模式。

当然,基层协商嵌入公共决策并不意味着基层社会中的所有公共事务都要经过协商,都要在全体同意之后才付诸实施。基层协商实践需要付出大量的人力、物力、财力,不仅加重地方政府财政负担,也会消耗参与者的时间和精力。基层协商还需要严格的协商程序和协商规则,某些情况下会降低决策制定的效率。尤其是在利益格局深刻调整、社会新旧矛盾相互交织、思想观念多元多样的现实背景下,基层公共事务错综复杂,基层社会治理千头万绪,不可能完全依

---

① 叶长茂:《协商民主:后发国家政治可持续发展的优选路径》,《高校理论战线》2013年第3期。

② 俞可平:《协商民主:当代西方民主理论和实践的最新发展》,《学习时报》2006年11月6日。

靠基层协商来解决。如果一味强推基层协商，可能会提升公共决策的科学性、实效性，但不得不以牺牲成本和效率为代价。如果过分看重成本和效率，又会限制基层协商的发展，降低公共决策的科学性、实效性。

如何兼顾决策制定的科学性、实效性与成本、效率，是稳步推进基层协商的关键。目前较为有效的做法是坚持民主集中制，在稳步推进基层协商与降低成本、提高效率之间寻找平衡点，实现民主与提高效率相统一。具体而言，就是要合理确定协商范围和协商程度，明确哪些事项应该被纳入协商范围，在多大程度上进行协商，防止出现该议的不议、不该议的乱议、议而不决、决而不行等问题。同时，坚持稳步推进基层协商的大方向，通过培育社会文化基础，逐渐降低成本、提高效率，有序扩大协商范围和协商程度。

概而言之，基层协商与公共决策之间的逻辑关系可以从两个层面理解。在规范意义上，基层协商能够提升公共决策的科学性、实效性，公共决策应以基层协商为前置环节。在实践层面上，应坚持民主集中制，合理确定协商范围和协商程度，稳步推进基层协商。两个层面兼顾长远与眼前，不宜有所偏废。

二、基层协商与公共决策之间脱节问题的典型表现

如果刻意忽视基层协商与公共决策之间的逻辑关系，以降低成本、提高效率等为借口，削弱基层协商在公共决策中的前置地位，很容易带来基层协商与公共决策之间的脱节问题。典型表现为以下四个方面。

其一，协商范围的非制度化。基层协商没有必要也不可能覆盖所有基层公共事务，而是要有所取舍。一般情况下，基层协商范围包括重大事务和一般性事务两大类。重大事务包括发展规划的编制和调整、

年度工作计划及资金预算和决算、工资福利制度改革等。一般性事务包括各项先进的评选推荐、个体间矛盾纠纷调处、上级布置的一般性工作任务等。只要协商范围符合当地经济社会发展实际，按照一定标准有序进行，就应算是广义的制度化的基层协商。但如果协商范围缺乏统一标准，村居两委和企事业单位负责人出于各种原因随意改变，导致应该协商的事项没有协商，没有必要协商的事项反而协商，就违背了基层协商的制度化要求。一旦这种改变出于寻租或偏向某些特殊利益群体等目的，就很有可能违法违规。

其二，局限于咨询而非协商。当前基层协商实践中的一个突出问题是局限于咨询，即决策部门事实上已经制订了初步方案，只不过先要征求各方面的意见，之后再正式付诸实施。咨询能够起到风险评估、宣传说服等作用，但参与者并不能真正对决策产生实质性影响。这是因为：决策部门较少为参与者提供替代性方案，而是局限于对初步方案的评价或修补；参与者的范围往往由决策部门圈定，广泛性、包容性、代表性存在瑕疵；在专业分工越来越细的背景下，很多决策需要具备一定的综合素质和专业知识，未经培训的参与者短时间内无法研判决策优劣。客观而言，相对于以前决策部门闭门决策，咨询已然是一种不小的进步，但以发展的眼光看，咨询还远远不能满足社会发展进步和扩大民众有序政治参与的要求。

其三，重形式而轻实质。有些事项虽然进入了基层协商的范围，决策部门也没有在协商之前制订初步方案，但参与者却仍然不能对公共决策产生实质性影响。这是因为，并不是说基层协商形成的民众意见就一定符合客观实际和长远发展。从基层协商与公共决策的逻辑关系而言，忽视民众意见而以决策部门的意见为准，属于决而不行。在这种情况下，基层协商在形式上是存在的，但实质上是无效的。

其四,信息反馈环节缺失。规范的基层协商过程拥有完整、畅通的信息传输系统,其中,及时而充分的信息反馈是必不可少的关键环节。但在目前的基层协商实践中,信息反馈环节缺失是一种较为普遍的现象。针对参与者在基层协商中发表的意见、建议,决策部门需要综合考量,在坚持民主集中制的前提下制定公共决策。有些公共决策与基层协商发出的声音完全一致,信息反馈的重点应是决策的实施情况及执行障碍;有些公共决策与民众意见存在出入,信息反馈的重点应是说明出入之处并解释其原因;有些公共决策与部分参与者预期存在落差,甚至涉及少部分人的权益,信息反馈的重点应是做好法治宣传教育工作。缺失了信息反馈环节的基层协商是不完整的,也是基层协商与公共决策脱节的一种典型表现。

三、导致基层协商与公共决策脱节的原因

其一,缺乏法规制度保障。导致基层协商与公共决策脱节的根本原因在于缺乏法规制度方面的保障。2015 年初中共中央印发的《关于加强社会主义协商民主建设的意见》和同年 7 月中共中央办公厅、国务院办公厅印发的《关于加强城乡社区协商的意见》,是迄今为止最权威的基层协商民主文件。各地也出台了一些涉及基层协商的文件,如 2009 年浙江省温岭市人大常委会正式出台的《关于开展预算初审民主恳谈,加强镇级预算审查监督的指导意见》、2013 年天津市宝坻区党委下发的《关于推行农村基层协商民主制度的意见》等。这些文件提出了基层协商民主建设的重要意义、指导思想、基本原则、主要任务、组织保障等,但整体上属于粗线条。基层协商仍缺乏成熟系统的法规制度,尤其是缺少关于基层协商与公共决策关系的明确条文。缺乏法规制度保障,从法理上制约了基层协商与公共决策之

间的常态对接。

其二,奖惩和监督力度不足。有些地方没有真正将基层协商纳入总体工作部署和重要议事日程,更没有将其纳入绩效考核评估体系。奖惩力度不足导致某些地方政府和基层干部缺乏落实基层协商的动力。监督既包括体制监督,也包括来自社会各界的监督。实践中针对基层协商的监督力度常常不够,例如,有些地方的村(居)务监督委员会形同虚设,对村(居)两委和基层协商起不到实质性监督作用。一方面,监督不力会给地方政府和基层干部发出错误信号,使其在推动基层协商工作中产生惰性,缺乏主动性、创造力。另一方面,监督不力也会给基层民众发出错误信号,使其怀疑地方政府稳步推进基层协商的决心,影响其参与基层协商的热情。

其三,部分基层干部重视程度不够。从浙江温岭、天津宝坻等地基层协商的发展脉络来看,当地领导干部的认识水平和支持力度往往决定了基层协商的实施范围和实际效果。但在许多地方,有些领导干部特别是基层干部还没有充分认识到基层协商的重要性。有的认为基层协商需要耗费大量人力、物力、财力,即使付出大量资金、时间和精力,也不一定能取得好的实际效果;有的担心基层协商程序复杂、规则限制过多,会大大降低基层行政效率,甚至影响当地经济发展;有的承认从长远来看基层协商符合经济社会发展趋势,但现阶段还不具备付诸实施的现实条件。如果基层干部的重视程度不够,那么基层协商很容易在实施过程中走样,无法与公共决策有效对接。

其四,参与者的热情不高、能力有限。良好的社会文化环境以及与之紧密相关的基层民众的参与热情和协商能力,是基层协商必不可少的前提和持久动力。从现实情况来看,参与者的热情和能力距离基层协商的规范要求还有一定差距。参与者往往并不了解基层协商所遵从的公共价值和公共理性，很多情况下是基于个人或小群体利益来考虑问题；个别参与者甚至视基层协商为利益博弈和拉帮结派的工具，无视公共利益和弱势群体；有些参与者缺乏良好的语言表达能力和交流沟通能力，不擅长理性思辨；部分参与者不愿意为基层协商付出时间和精力，或者质疑个体对最终决策的影响力。参与者热情和能力有限直接影响协商质量，导致制定出的公共决策有时无益于公共利益和长远发展。

四、基层协商与公共决策脱节的消极影响

其一，削弱基层公共决策的科学性、实效性。基层协商与公共决策脱节的直接影响，就是削弱基层公共决策的科学性和实效性。随着新型智库建设的逐步加强和重大事项社会稳定风险评估机制的日趋完善，由决策部门制定的公共决策能够满足社会发展需要。但在基层，有些公共决策既缺乏基层协商支撑，又没有经过智库咨询和风险评估，很容易出现这样或那样的问题。有些决策没有经过多元参与、理性辩论、偏好转换等步骤，科学性不足；没有充分考虑各方面的利益诉求，没有做好宣传和说服工作，在开始实施以后很容易受到不同意见者的阻碍。在利益格局和思想观念复杂多样的背景下，未经有效协商而出台基层公共决策，无疑会增大基层社会风险。

其二，浪费大量行政资源和社会资源。基层协商与公共决策脱节使得基层协商的实际效果大打折扣，是对资源的一种变相浪费。从地方政府的角度来看，基层协商前期投入大量资金、场地和人力，如果只是形式上的协商，对最终决策产生不了实质影响，显然是对行政资源的无谓消耗，还不如将这些行政资源用在其他地方，更有助于当地经济发展和民生改善。从基层民众的角度来看，基层协商要求

投入大量的时间和精力,如果只是象征性地征求意见,那么先前投入的时间和精力就变得意义锐减。

其三,破坏协商程序和协商规则的权威性,削弱基层协商和地方政府的公信力。规范意义上的基层协商,要求参与者对协商程序和协商规则保持足够的敬畏,严格遵循既定的程序和规则,而基层协商与公共决策脱节问题掺杂了过多的人为因素,是对基层协商制度化进程的一种阻滞。参与者会质疑,既然基层协商的范围可以非制度化、重形式而轻实质、忽视信息反馈,那么协商程序和协商规则是否可以轻易改变?一旦协商程序和协商规则的权威性遭到破坏,将很难重新树立。进而,参与者会对地方政府稳步推进基层协商的决心产生疑问,对地方政府公信力产生怀疑。本来通过基层协商能够增进公共决策开放性,增强地方政府公信力,但因基层协商与公共决策脱节问题的存在,基层协商有可能适得其反,对地方政府公信力产生消极影响。

除此之外,基层协商与公共决策之间的脱节还容易忽视甚至损害弱势群体的权益。从更加宏观的角度讲,还不利于地方政府创新和深化体制改革,不利于精英群体与普通民众之间的有效衔接和良性互动,不利于在日益复杂的利益冲突下的社会整合,不利于增进公共利益和公共理性,不利于基层社会治理体系和治理能力现代化。

第五节　基层协商中的舆情关系问题

本章的前四节主要讨论了基层协商实践中容易出现的问题,实际上,基层协商理论层面也有一些争论。这些争论主要体现为三个方面的关系问题,即舆情表达与经济社会发展水平的关系问题,舆情表达与行政效率、成本的关系问题，舆情表达与参与者政治参与能力的关系问题。

一、舆情表达与经济社会发展水平的关系问题

舆情表达与经济社会发展水平之间的关系可以从两个层面进行理解。如果从舆情表达是一种话语权的角度进行理解，那么这种权利在现代民主法治社会中应该得到充分保障。不管当地经济社会发展水平是高还是低，作为一种基本权利，舆情表达不应受其影响。如果从舆情表达是一种操作过程的角度进行理解，那么经济社会发展水平较高的地区无疑更有能力为基层群众提供便捷的舆情表达渠道，基层群众也有能力为参与协商付出成本。也就是说，经济社会发展水平在实质上影响着舆情表达的效果。

在我国基层协商民主实践中，经济社会发展水平并没有明显的决定性作用。上海、浙江、广东等东部沿海发达省份产生了很多基层协商实践，同样的，四川、贵州、云南等西部欠发达地区也有很多基层协商实践。经济社会发展水平相对高的城市居委会和街道在探索基层协商，经济社会发展水平相对较低的农村地区也在探索基层协商。从全国范围的实际情况来看，基层协商与当地经济社会发展水平之间没有必然联系。

绝大多数学者也认同，基层协商民主与当地经济社会发展水平之间没有必然的联系，不能以经济社会发展水平较低为由拒绝推进基层协商民主建设。张敏分析发现，温岭、彭州、盐津三地的经济社会发展水平各异，温岭属于东部沿海经济发达地区，彭州在西部属于经济较为发达的地区，盐津则是西部的国家级贫困县，但实践证明三地都可以推进基层协商民主，所以，经济社会发展水平不应成为拒绝

协商民主的理由。①

二、舆情表达与行政效率、成本的关系问题

社会各界对基层协商的认知度越高,越有利于降低协商成本,提高行政效率。辽宁省本溪市社会主义学院曾经成立课题组对基层协商认知度进行专门调研,他们在本溪市的两县四区范围内发放了500份调查问卷,统计分析发现,社会各界对基层协商工作有一定的社会共识度,对基层协商制度化建设有一定的认同度,对基层协商实践有一定的参与度。但同时,他们还发现民众认知有待提高,行动主导不明,协商民主意识淡薄,协商方式有待拓展,协商机制尚需健全。② 课题组的调研结果大致符合目前社会各界对基层协商认知度的整体情况。一方面,随着党的十八大以来党中央对包括基层协商在内的多种协商民主渠道的高度重视,社会各界对基层协商的认知度显著提高;另一方面,与稳步推进基层协商的现实需要相比,社会各界对基层协商的认知度还有待进一步提高。

三、舆情表达与参与者政治参与能力的关系问题

舆情表达与参与者政治参与能力之间的关系问题,是基层协商中争论较大的内容之一。舆情表达与参与者政治参与能力之间的争论,首先体现为孰先孰后的问题。一种观点认为,应当首先培养锻炼参与者政治参与能力,然后逐渐开展基层协商和舆情表达,防止基层协商中的混乱与无序。另一种观点认为,参与者政治参与能力必须

---

① 张敏:《政府供给与基层协商民主生长:基于三地实践的考察》,《学海》2016年第2期。
② 本溪市社会主义学院课题组孟犟:《关于基层民主协商认知度的调研和思考(以本溪为例)》,《辽宁省社会主义学院学报》2017年第2期。

在实践中培养和锻炼，要让协商主体在参与过程中慢慢适应基层协商和舆情表达。还有观点认为，许多协商和决策需要具备足够的整体素质和专业知识，并非每个人都有能力理解和参与。将复杂的协商和决策交给一般民众，不仅很可能事与愿违，而且是不负责任的。

具体到我国的基层协商，毋庸讳言，参与者的政治参与能力还无法完全满足协商需要。尤其是在文化水平相对低的农村地区，参与者能力的不足在一定程度上影响着基层协商的效果和效率。改革开放以来，我国农村教育事业不断发展，农村群众获得了平等受教育的权利，但因经济社会发展水平相对较低，获取信息的渠道相对较少，农村群众在政治参与能力上与城市居民相比存在客观差距。这种差距表现为权利意识和参与意识的不足。与城市居民相比，农村群众参与基层协商的积极性、主动性不足，不愿意做协商中的"主角"，而更乐于做追随者。

基层协商的参与者不仅包括基层群众，也包括基层党员干部。与基层群众相比，基层党员干部的人数虽少，但在基层协商中的重要性非常突出。对于很多地方的协商实践而言，基层党员干部既是公权力在协商过程中的代表，是公权力在场的象征，也是地方精英的代表，是精英群体的象征。尤其是在很多农村地区，基层党员干部与基层政治精英基本可以画等号，即基层党员干部与基层政治精英大致是同一部分人。不可否认，部分基层党员干部还没有充分认识到基层协商在我国社会治理体系和治理能力现代化建设中的重要作用，对基层协商在化解基层矛盾、促进科学合理决策、凝聚社会共识、整合利益诉求中的功能价值的认识还不到位。个别基层党员干部的法治观念、协商意识、综合业务素质和工作能力等不足，无法满足基层协商的现实需要。

第六章　基层协商中的舆情表达机制创新

稳步推进基层协商,在现阶段最主要的思路应是通过制度供给来进行,即积极回应基层实践中的制度化诉求。尽管中央已经出台了一系列文件,但整体上而言,我国的基层协商还没有形成系统、完整、有效的制度供给,基层协商中的舆情表达还需要更加严密、更具操作性的体制机制加以保障。舆情表达机制创新,要着眼于提高地方党委、政府的重视程度并加强干部队伍建设,合理引导民众舆情表达的热情,发挥专家学者、大众传媒及地方智库的积极促进作用,构建平等包容、有序有效的政治参与文化。

第一节　提高地方党委、政府的重视程度

从已有的基层协商实践来看,凡是取得成功的案例都离不开地方党委、政府的重视与支持。包括温岭在内的很多地方实践,地方党委、政府既是基层协商的提倡者,又为其提供必需的资源保障。离开地方党委、政府的支持,基层协商很容易流于形式,起不到实际作用。因此,解决基层协商中的舆情不洽问题,首先需要提高地方党委、政

府对基层协商与舆情表达的重视程度。

一、进一步增强基层党组织的核心领导作用

基层党组织在各类公共事务中发挥着核心领导作用，是我们党在基层民主政治建设中的战斗堡垒。无论城市还是农村，基层党组织都应该认清自身在基层协商中的领导地位。党支部书记、委员要带头贯彻党中央相关文件的精神，深入学习协商民主的相关知识，自觉培养遇事好商量、遇事多商量的协商习惯，用自己的行动带动基层整体协商水平的提升。基层党组织还应把稳步推进基层协商与深入贯彻落实党的群众路线实践活动有机结合起来，一方面传达好党中央的方针政策和重要精神，另一方面倾听基层群众的声音，反映基层群众的诉求，起到上传下达的桥梁作用。

增强基层党组织的核心领导作用，需要探索完善基层党内协商民主。基层党内协商民主是加强党内民主建设的重要方面，有助于增强基层党组织的凝聚力和战斗力。探索完善基层党内协商民主，可以侧重以下三个方面：一是培养和增强基层党员的民主协商意识、政治参与能力和民主协商能力；二是转变基层党组织领导干部的思想观念，把基层党内协商民主的落实情况与党员干部的考核挂钩；三是进一步落实基层党组织的党务公开，增加基层党组织决策运行的透明度。① 在这三个方面的基础上，通过完善基层党内协商民主来增强基层党组织的核心领导作用。

增强基层党组织的核心领导作用，还需要避免基层协商过程中

---

① 许阳飞、殷红霞：《改革完善我国基层协商民主制度的思考》，《攀枝花学院学报》2015年第4期。

的多头化问题。从各地基层协商的实践情况来看,并没有统一的模式可供借鉴效仿。每个地方会根据自己的实际情况,选择由不同的单位、部门来具体推进和负责基层协商。不论是哪个单位或者部门具体负责,地方党组织都应该明确自身的核心领导地位,对基层协商负起总责。要坚决避免基层协商过程中出现多头化、单位化、部门化等问题。

二、增强基层协商的物质保障

提高地方党委、政府对基层协商的重视程度,应当要求地方党委、政府增强基层协商的物质保障。基层协商需要耗费一定的人力、物力、财力,任何一方面不到位都有可能影响基层协商的顺利推进。目前,部分基层协商实践缺乏场地和资金等物质保障,在一定程度上影响基层群众的参与积极性。要想促进基层协商稳步推进,就必须为其提供足够的物质保障。增强基层协商的物质保障,还有一个重要方面是要提高基层党员干部的待遇水平。在很多基层协商实践中,基层党员干部的任务重、压力大,这也是影响基层党员干部干劲的重要因素。要想提高基层党员干部对基层协商的重视程度,就要加大投入力度,在一定程度上提高他们的待遇水平。

三、加大党员干部培训力度

对于很多党员干部尤其是基层党员干部而言,协商民主是一个相对陌生的概念和领域。一些基层党员干部尽管了解协商民主的重要性,但并不熟悉协商民主的理念和具体操作过程。针对这类问题,应加强对党员干部特别是基层党员干部的培训,既从概念、理念、意义、功能等方面熟悉基层协商,也从具体的规则、程序、环节等方面掌握规律。

有条件的地方可以让基层党员干部到基层协商较为成熟的地方参观学习，或者邀请专家学者进行指导，帮助其尽快熟悉基层协商。

四、加强基层协商评价评估体系建设

完善基层协商评价评估体系并将其与地方政府政绩评估挂钩，是有效地提高政府对基层协商实践重视程度的方法。从时间顺序来说，评价评估包括事前、事中、事后三个阶段。事前评价评估可以与地方重大事项社会稳定风险评估相结合，侧重对有可能出现的情况、问题进行预测。事中评价评估是阶段性的，既要对已经完成的基层协商进行总结，也要对即将开展的基层协商进行预测。事后评价评估是总结性的，主要是对基层协商取得的效果进行鉴定。

五、逐步健全监督问责机制

监督问责是保障基层协商顺利进行和舆情表达有效性的有力保障。在任何形式的基层协商实践中，一旦缺失了监督问责机制，很容易损害舆情表达的有效性。健全监督问责首先要侧重机制方面的建设，在协商实践中探索监督问责的有效方法并以机制的形式固定下来。健全监督问责就要充分发挥现行法律法规的作用，让基层协商在法律法规框架内进行。健全监督问责还要发挥基层群众、专家学者等多元主体的监督作用，增强协商过程的透明程度，尤其是要加强基层群众的监督作用，通过基层群众评估、领导干部调查走访、基层群众主动反映情况等形式，将群众监督落到实处。

六、探索基层协商成果报送和评价制度

为了避免某些基层协商实践流于形式，应在基层协商结束之后，

将协商内容以会议纪要等形式向上级党政部门进行汇报。上级党政部门应根据会议纪要和群众反映,对基层协商进行评价,将重要或者有争议的协商纳入党政议事日程。除此之外,还应加强对基层协商的督促,对某些落实基层协商不力的单位和个人进行批评教育。

七、建立健全基层协商反馈制度

完整的基层协商过程不仅包括协商决策,还有后续的决策执行和反馈。基层党政部门在执行协商决策之后,应主动向参与者和利益相关者反馈执行情况,并为其提供考察、座谈等机会。参与者和利益相关者提出意见的,执行部门应认真听取,必要时还可开展新一轮的基层协商。某些协商决策没有得到执行的,基层党政部门应及时说明情况和原因。

第二节　加强舆情表达机制建设

一、坚持基层协商参与主体的开放性、包容性、广泛性

参与主体的开放性、包容性、广泛性直接影响着基层协商的真实性和实效,在一定程度上,缺失了开放性、包容性、广泛性的基层协商,其真实性将无法保障。应通过村居宣传栏、社区网络论坛、业主微信群等方式,提前公布协商事项、参与范围、时间地点、程序规则,征求民众意见。在划定参与范围时,应消除那些阻碍民众参与的附带性限制,让普通民众充分享有自由参与协商民主的权利。"要尽可能囊括所有利益相关方,特别是处于弱势地位的利益相关者,努力改

变利益表达机会不均衡的状况。"①发挥移动互联网时代新技术、新应用的积极功能，创新协商渠道和协商手段，降低参与者的交通和时间成本，保障每一位民众的参与权利和机会。在扩大参与范围的同时，还应优化参与者的结构，增强代表性。这里所说的结构，包括年龄、性别等自然结构，还有职业、受教育水平等社会结构。需要注意的是，不能忽视弱势群体和边缘群体，要让这些话语权非常容易被忽视的群体，在基层协商中发出自己的声音。

二、创新协商方式与协商规则

合理产生民众代表，例如，在农村地区"以村民小组为单位，每个村民小组由村民选出若干名村民信得过的、文化水平高、有参与能力的代表参与民主协商"②。尝试将代表制与民意调查相结合，在协商之前、之中、之后开展民意调查，广泛搜集整理基层民众所感、所想和对协商工作的评价。尝试分组协商，将较复杂的协商事项划分为几个部分，由几组参与者分别协商，通过比较各组的协商意见来制定公共决策，必要时可以进行多轮分组协商，增强公共决策的科学性。

三、加强平等对话机制建设

从话语和话语权的角度进行分析，基层协商其实就是拥有话语权的不同利益主体之间的话语交流。从社会发展进步的意义上说，基层协商也就是话语交流机制不断完善的过程，是话语权范围不断扩大并趋于平等的过程。

---

① 阮桂春：《基层协商民主建设应注意的问题》，《学习时报》2015 年 6 月 29 日第 A5 版。
② 厉有国：《中国基层协商民主实践：价值、问题与路径》，《吉首大学学报（社会科学版）》2015 年第 2 期。

加强基层协商中的平等对话机制建设,绝不是削弱基层党组织在协商民主中的领导核心地位。基层党组织不仅是党在基层开展全部工作和发挥战斗力的堡垒,也是各项基层工作和各种组织的领导核心,还是稳步推进基层协商民主建设的根本保证。基层党组织可以通过与不同主体之间的平等对话,充分调动其他主体的参与积极性,最终在解决公共事务中更好地体现其领导核心地位。

四、加强矛盾调处与利益整合机制建设

基层协商也是利益整合的过程,在此过程中,难免产生一些利益纷争,甚至有可能激化某些社会矛盾。加强矛盾调处与利益整合,就成为基层协商的一项重要内容。成功的基层协商实践,不仅不会激化矛盾,反而能够有效缓解甚至化解固有矛盾。失败的基层协商实践,不仅达不到消除分歧的作用,甚至有可能引发纷争。

实现矛盾调处和利益整合的主要原则,就是要尽可能全面地满足所有利益相关方的合理诉求。假如某些合理诉求得不到有效满足,也要以恰当方式与利益相关方沟通,让其清楚诉求无法满足的原因,避免由此带来次生矛盾。利益整合不能忽略少数人的合理权益,尤其是某些弱势群体的合理诉求更不应当被漠视。在调处基层矛盾时,往往需要利益相关方各自放弃一部分利益诉求,在这种情况下,就要尽量通过互惠共赢的方式来进行调节。

五、健全基层协商与公共决策常态对接机制

加强社会主义协商民主建设的总体方向应是制度化,即逐步将协商民主纳入总体工作部署和重要议事日程,建立党委统一领导、各方分工负责、公众积极参与的领导体制和工作机制。

其一，加强法规制度建设，健全奖惩监督机制。"协商民主还是一个较为新型的民主形式，无论是事实实践中的发展，还是价值确立上的取舍，亦或功能发挥上的选择，都需要在法律制度的建构中得到保障。"①基于此种认识，应进一步完善相关的法律法规，注重对外地经验的汲取借鉴和对本地实践经验的提炼总结，选择适合本地本单位的协商形式，并适时将其上升为制度规范，从法规制度层面促进基层协商与公共决策常态对接。将基层协商纳入绩效考核评价体系，通过奖惩来提升地方政府和基层干部的重视程度、创造力。积极探索基层协商备案和追责机制。各级党委应加强对基层协商落实情况的监督检查，各级党委、政府及相关部门应制定具有可操作性的评价监督制度并严格执行。注重发挥村（居）务监督委员会的监督职能，保障协商依法有序开展。有条件的地方可以邀请专家学者观摩监督，加强针对基层协商与公共决策常态对接的舆论监督。

其二，保障资金、场所、人力供给。地方政府在制订年度工作计划和财政预算时应充分考虑基层协商的需要，在资金、场所等方面提供支持，同时保障人力供给。对于符合规定且受村（居）两委委托组织基层协商的人员，可以给予适当补贴。避免因资金、场所、人力等条件受限而减少协商次数、缩短协商时间、降低协商质量。从长远来看，应为基层干部提供更多考察、调研、培训的机会，提高其对基层协商重要性的认识，增强其基层协商的组织能力，以便为进一步推进基层协商储备优秀人才。支持企事业单位等依照法律法规和各自章程开展协商，引导社会组织有序开展协商。

---

① 黄微：《中国协商民主事实的价值、功能与法律化》，《西南民族大学学报（人文社会科学版）》2013 年第 8 期。

除此之外,健全基层协商与公共决策常态对接机制,还需要创新协商方式和协商规则,健全信息反馈机制等。

第三节　发挥专家学者、大众传媒及地方智库的积极促进作用

一、发挥专家学者和社会各界的监督作用

从目前的基层协商实践来看,缺乏监督是较为常见的问题。要想充分发挥基层协商的积极作用,建立健全监督机制是必不可少的关键环节。监督的侧重点,应放在基层群众的话语权保障和协商过程合法合理上面,即通过加强监督促使基层群众话语权和程序合法合理落到实处。要加强基层群众在监督中的作用,通过公示、民主评议、问责等方式赋予基层群众更多的监督权。当然,监督权要建立在充分的知情权的基础之上,要通过各种渠道公开相关信息。只要不涉及保密内容,应尽可能方便快捷地让基层群众享有信息共享的权利。可以利用移动互联网带来的技术"红利",降低基层群众获取信息的成本,让更多人参与监督。

加强监督需要充分发挥第三方的作用,尤其是专家学者的积极作用。应当给予专家学者充分的信任和足够的监督渠道,必要时应邀请其参与协商过程,进行全程监督。除了对协商过程的监督,还可以赋予专家学者在执行阶段的监督权,由其将执行结果反馈给协商主体。

应充分发挥新媒体在基层协商中的促进和宣传作用,让专家学

者和大众传媒通过网络平台、社交媒体参与监督。这样既能够减少专家学者和大众传媒的成本,也能够提升基层协商实践中的及时性、便捷性。新媒体还能够降低信息流动成本,让各方在一个平台上沟通交流,进一步提升基层协商的透明化程度。

二、发挥地方智库的智力支持作用

各级地方智库可以作为基层协商民主发展的重要支撑。近年来,随着国家对智库建设的高度重视和大力支持,各级智库进入了发展"快车道"。不过从整体上而言,我国智库还存在与党政决策部门之间信息沟通、人员交流不畅等问题,对包括基层协商在内的社会治理现代化的推动作用有限。一方面,很多智库都非常希望参与到基层协商之中,在参与基层公共决策的过程中验证自己的理论假设。尤其是对党政研究部门、高校、党校、社科院等而言,参与地方公共决策也是其重要工作内容和考核内容。另一方面,基层协商亟须智力支持来规范协商程序,以便更加科学有效地保障参与者的话语权。

第四节 构建平等包容、有序有效的政治参与文化

一、充分挖掘我国传统思想文化当中的协商思想

我国传统文化当中有着丰富的协商思想,集中表现在和合思想中。和合思想是我国传统文化基本思想之一,既包括人与人的和谐相处,也包括人与自然的和谐。这种思想至今仍然深刻地影响着城

市及乡村人民,为基层协商提供了先天的思想资源。《论语》中就曾提到"君子和而不同",大意是指人与人之间尽管存在观念态度和意见上的不同,但应当尊重别人的看法,这与现代意义上的基层协商的理念相一致。《论语》中还曾提到"礼之用,和为贵",大意是指君主在治理国家时,应该突出"和"的治理理念。《论语》中的思想是和合思想的典型表现,小到人与人之间的相处,大到国家治理,都突出了"和"的思想理念。在我国历史上的各个时期,主导当时政治的思想虽有差别,但和合思想作为我国政治思想中的底色一直存在。尤其是自汉武帝"罢黜百家,独尊儒术"之后,儒家思想就成了我国古代政治思想的主体,和合思想也就成了我国古代政治思想的主干。换言之,不管在我国哪个历史时期,当时的政治都深受和合思想的影响。

我国传统文化当中的协商思想,还表现为民本观念。协商民主强调参与主体的多元平等,这与我国传统文化当中"民为邦本"的观念相吻合。孟子提出"民为贵,社稷次之,君为轻"的仁政思想是民本观念的典型代表,对我国传统文化产生了深刻影响。对于历史上大多数统治者而言,统治的实际策略有所不同,但基本都不会背离民本观念。各级地方行政机构及其官员也会将"以民为本"作为执政原则之一,这也在一定程度上导致了父母官、为民做主、替民做主思想的产生。现在回溯我国传统文化中的民本观念,重点是挖掘与协商民主基本理念相吻合的精华部分。

构建平等包容、有序有效的政治参与文化,就要想方设法把我国传统文化中的协商思想挖掘出来,尤其是和合思想,更应当加以有效利用。在广大基层社会,和合思想仍旧在深刻影响群众的思维方式和行为,用好传统文化当中的有利因素,直接关系到协商民主在基层的适用性和实效性,关系到基层协商的成功与否。不管是城市还是农村，协商思想的挖掘程度都与政治参与文化紧密联系在一起，建构现代治理意义上的基层协商，离不开传统文化当中的协商思想。

构建平等包容、有序有效的政治参与文化，还要善于挖掘儒家基层治理经验中的精华。苏爱萍认为，儒家治理思想的一大独特性在于其建构了一套基层社会治理的理念与制度，其中包含了许多思想精华与成功经验。应把儒家治理经验的借鉴和运用放到重要位置并作为长期任务，把有利于促进现实社会治理的儒家优秀因子发扬光大，使儒家治理经验与我国当前基层治理实践有机结合。[①] 苏爱萍的论述不仅包括儒家治理思想，也涉及儒家治理经验。在我国这样一个深受儒家思想文化影响的社会当中，有必要充分挖掘儒家基层治理思想中的精华，将其有效地嵌入政治参与文化的构建过程当中。

构建平等包容、有序有效的政治参与文化，还要尽量排除传统文化中的不利因素。例如，在基层的熟人社会里，人与人之间彼此熟悉，在某些农村地区，家族之间的关系错综复杂，这就导致基层协商过程中容易出现拉帮结派的现象。再比如，许多人秉持"中庸""遇事不出头"的做人原则，在基层协商过程中特别害怕说错话、得罪人，大大降低了基层协商的有效性。当然，所谓传统文化中的不利因素并不是指其本身有什么问题，而是指这些文化思想与现代意义上的协商理念不相适应。只有尽量排除传统文化当中不利因素的影响，才能更好地推进基层协商。

---

① 苏爱萍：《基层协商与精英自觉：基层治理之儒家经验的借鉴》，《山东大学学报（哲学社会科学版）》2017 年第 4 期。

二、培养基层群众的公共理性和协商能力

其一,培养基层群众的主人翁意识。在目前的基层协商实践中,有些基层群众缺乏对公共事务的责任感和担当意识,把处理公共事务视为党委、政府或者精英群体的事情。针对这类"政治冷漠"问题,应加强基层群众的主人翁意识,促使其自觉参与到公共事务中去。协商民主的参与者都应该具备主人翁意识,真正把参与公共事务当作分内之事。

其二,培养基层群众的共同意识和公共理性。在目前的基层协商实践中,有些参与者过分强调自身利益,缺乏共同意识和公共理性,有时候甚至将基层协商视为零和博弈。针对这类问题,要提升基层群众对整个群体的关注、关心,增强其认同感和归属感,进而增强向心力和凝聚力。要辩证地阐明个体利益与共同利益的关系,培养基层群众自觉维护共同利益的意识。要培养参与者在基层协商中的公共理性,使其更多地从公共利益的角度来看待和分析问题。党员干部等要带头营造共同利益高于个体利益、公共理性高于个体理性的协商氛围。

其三,培养基层群众基本的政治素养。在目前的基层协商实践中,很多基层群众在基本政治素养和相关知识方面存在明显欠缺,这从根本上限制了其舆情表达能力的提升。针对这类问题,要引导基层群众有意识地学习政治知识,提升政治素养。有条件的地方,可以邀请专家学者,借助党的理论宣讲等渠道,为基层群众普及相关知识。可以定期开展政治知识和时事政治学习交流活动,提高基层群众的政治素养。

其四,培养基层群众积极主动参与基层协商的习惯。在目前的

基层协商实践中,被动参与的问题较为普遍。很多基层群众在不涉及切身利益的议题上主动性不强,有时候甚至担心"得罪人"而不愿参与协商。针对这类问题,要加强基层群众的参与主动性,为舆情表达提供坚实的群众基础。有些议题的利益相关性较强,要引导基层群众合理表达利益诉求,并且从公共理性出发进行协商。有些议题的利益相关性不强,要引导基层群众从长远发展的角度思考问题,积极投身基层协商。党员干部等应当发挥带头作用,自觉参与到基层协商实践中。

其五,培养基层群众对协商规则的敬畏感。在目前的基层协商实践中,有些群众对协商规则缺乏敬畏,甚至故意从有利于自身利益的角度去理解和解读协商规则。针对这类问题,应加强规则意识的培养,引导基层群众在规则范围内参与协商。要让参与者明白,规则是基层协商顺利进行的前提与保障,合格的规则意识是一名基层协商参与者必须具备的素质。破坏协商规则,既有可能导致具体协商过程的无效,也会削弱基层协商本身的权威性。要明确奖惩机制,加强对违反协商规则的惩戒力度。

其六,培养基层群众更多地熟悉协商程序。在目前的基层协商实践中,有些群众对协商程序知之甚少,在开展基层协商时组织者不得不占用较多的协商时间来进行培训。针对这类问题,应提前让参与者了解协商事项和协商程序,避免进入协商程序以后再耗费培训时间。有条件的地方,可以积极发挥专家学者在协商过程中的指导作用。基层群众熟悉协商程序需要一个过程,刚开始探索基层协商的地方,可以尝试进行预协商,让基层群众通过预协商熟悉协商程序,从而减少正式协商中的不适应。

其七,培养基层群众网上协商的能力和习惯。互联网特别是移动互联网对经济社会各方面的深刻影响显而易见,但在目前的基层协商实践中,能够有效运用网络新技术、新应用的案例还比较少,大多数的基层协商还处于单纯线下协商的阶段。针对这类问题,有条件的地方应充分发挥互联网尤其是移动互联网的功能和作用,将更多的基层协商搬到线上,实现线上线下相结合。地方党委、政府应合理利用网络信息化平台,加强网络宣传,激发当地群众通过网络参与协商的积极性。可以将部分环节搬到网上,如在线收集协商议题、收集群众意见、发布相关信息等。可以通过微博、微信等基层群众较为熟悉的社交媒体发布消息、征求意见,降低协商成本,让更多的基层群众习惯网上协商。

其八,营造"遇事多商量""遇事好商量"的社会氛围。在目前的基层协商实践中,部分党员群众还没有充分认识到协商民主的重要意义,浓厚的协商氛围还没有完全形成。针对这类问题,党政机关和党员干部要改变为民做主、替民做主的传统思维方式,真正树立现代治理理念。要充分利用移动终端和互联网快速发展的有利条件,通过微信公众号等新媒体、新方式,深化民主党派成员、无党派人士、党外知识分子、新社会阶层人士等精英群体对基层协商的理解。[1] 要把传统宣传方式与现代传播手段有效结合起来,帮助更多的基层群众尤其是农村外出务工人员等广泛参与到协商实践中。要创造性地使用基层群众喜闻乐见、通俗易懂的方式开展协商,营造良好的基层协商的文化氛围。

总之,要培育基层民众的参与热情和协商能力,创造良好的社会

---

[1]　本溪市社会主义学院课题组孟犟:《关于基层民主协商认知度的调研和思考》,《辽宁省社会主义学院学报》2017 年第 2 期。

文化环境。做好政策宣传和法律知识的普及,鼓励基层群众积极参与公共事务,杜绝"政治冷漠",共同关心、支持、参与基层协商。让基层群众逐渐认识到协商民主在维护自身权益、制定合理决策、解决矛盾纠纷、促进社会和谐稳定等方面的积极意义。邀请有影响力的媒体采访、报道协商过程,增强基层群众的自豪感与使命感。开展专题培训,邀请相关专家学者和专业技术人员观摩指导,帮助基层群众掌握并有效运用协商方法和协商程序,培养基层群众理性思辨和发言辩论能力,形成自觉维护公共利益、遵循公共理性、敬畏协商程序和协商规则、善于聆听他人意见的协商氛围。有条件的地方可以组建专家数据库,邀请学术机构和专家学者观摩指导协商过程,帮助基层群众熟悉程序规则,提升其理性思辨和意见表达能力。"应该重新重视群众性组织在地方治理中的不可替代的地位"[1],引导社会组织依法有序参与基层协商,通过组织平台来弥补群众在个体能力上的差异和不足。发挥各级党代表、人大代表、政协委员的积极作用,引领带动基层群众参与协商。努力形成基层群众乐于协商、能够协商、善于协商的良好局面。

---

[1]　吕德文:《找回群众:重塑基层治理》,生活·读书·新知三联书店 2015 年版,第 212页。

参考文献

1.［法］米歇尔·福柯:《规训与惩罚:监狱的诞生》,刘北成、杨远婴译,北京:生活·读书·新知三联书店 2003 年版。

2.［加拿大］威尔·吉姆利卡、威尼·诺曼:《公民的回归——公民理论近作综述》,载许纪霖主编《共和、社群与公民》,南京:江苏人民出版社 2004 年版。

3.［美］科恩:《论民主》,聂崇信、朱秀贤译,北京:商务印书馆 1988 年版。

4.［美］塞拉·本哈比主编:《民主与差异:挑战政治的边界》,黄相怀、严海兵等译,北京:中央编译出版社 2009 年版。

5.［美］西摩·马丁·李普塞特:《政治人:政治的社会基础》,张绍宗译,上海:上海人民出版社 2011 年版。

6.［美］詹姆斯·博曼:《公共协商:多元主义、复杂性与民主》,黄相怀译,北京:中央编译出版社 2006 年版。

7.［意］安东尼奥·葛兰西:《狱中札记》,葆煦译,北京:人民出版社 1983 年版。

8.《"双述双评"强责任,聚力凝心促发展》,杭州余杭门户网站:http://www.yuhang.gov.cn/zwgk/jiedao/I056/gzxx/cxjs/201801/t2018012

5_1114210. html.

9.《安图县群众诉求服务中心上半年受理群众诉求 129 件》，新华网：http://www. jl. xinhuanet. com/2012jlpd/2016 – 07/27/c_1119288559. htm.

10.《把事儿办成群众"心里想"——邓州市十年不懈推进提升"四议两公开"纪实》，《河南日报》2014 年 9 月 14 日。

11.《村务大事民主公决百姓声音是新农村建设的最强音》，中国经济网：http://www. ce. cn/cysc/agriculture/gdxw/200608/04/t2006080 4_8014127. shtml.

12.《大事小事好商量 象山"村民说事"创新乡村治理方式》，浙江在线：http://zjnews. zjol. com. cn/201711/t20171101_5498862. sht-ml.

13.《东风吹开花千树——邓州市持续深化"四议两公开"工作法综述》，《南阳日报》2014 年 4 月 25 日。

14.《东湖区彭家桥街道光明社区民主协商案例：民主协商解群众晾衣难题》，《江西日报》2016 年 2 月 26 日。

15.《贵州省遵义市红花岗区：村务点题公开制度》，《村委主任》2010 年第 6 期。

16.《湖北沙市：社区办起"说事厅"》，人民网：http://cpc. people. com. cn/GB/64093/64387/10234381. html.

17.《湖北省通山县："村干部"岗位及工资"票决制"》，《村委主任》2010 年第 6 期。

18.《基层协商民主典型案例选编》编写组编：《基层协商民主典型案例选编》，北京：人民出版社 2015 年版。

19.《江苏省太仓市：村民小组代表会议制度》，《村委主任》2010

年第 6 期。

20.《江苏新沂："群言堂"议出基层民主协商新气象》,人民网:http://js.people.com.cn/n/2015/1126/c360300 – 27188164.html.

21.《荆州沙市："居民说事"构建社区党建工作新机制》,人民网:http://theory.people.com.cn/GB/40537/10856950.html.

22.《邳州:村级党组织推行四权工作法 赢得党建气象新》,人民网:http://qzlx.people.com.cn/n/2014/0911/c383356 – 25644144.html.

23.《邳州村级"四权"工作法:"为民做主"变"由民做主"》,淮海网:http://www.huaihai.tv/news/xz/2014 – 07 – 04/82586.html.

24.《青岛市城阳区在农村社区全面推行市民议事制度》,人民网:http://dangjian.people.com.cn/n/2014/1223/c391467 – 26259626.html.

25.《陕西省眉县政务、村务公开四级联动制度》,《村委主任》2010 年第 6 期。

26.《涛雒镇村务大事村民公决》,大众网:http://www.dzwww.com/nongcundazhong/nongcunbaban/200407231012.htm.

27.《湾里区招贤镇竹山村民主协商案例:村民有了自己的物业公司》,《江西日报》2016 年 2 月 26 日。

28.《武义"后陈经验":村务监督大放光彩》,浙江省民政厅官方网站:http://mzt.zj.gov.cn/art/2015/5/13/art_1632728_31211738.html.

29.《象山积极探索新型村级治理机制 大事小事"村民说事"》,浙江在线:http://zjnews.zjol.com.cn/zjnews/nbnews/201706/t2017060 5_4168079.shtml.

30.《兴庆区大新镇燕鸽村民主议政日"晒"问题"议"整改》，宁夏机关党建网：http://www.nxjgdj.gov.cn/zl/qzlxjyhd/201409/t2014091 0_2378136.html.

31.陈穆商：《浙江武义："第三委"让村务监督更到位》，《人民日报》2005年5月17日。

32.《中牟县白沙镇村组"三会"创出和谐农村》，河南省人民政府官方网站：http://www.henan.gov.cn/ztzl/system/2008/07/04/010081543. shtml.

33.《紫鑫城社区利用社区"议事园"消除小区安全隐患》，南京市人民政府官网：http://www.nanjing.gov.cn/xxgk/qzf/xwq/xwqrmzfsjcb- sc/201310/t20131031_2017851.html.

34.包东喜、柯锐：《"社区对话"为民工追薪 汉阳现场兑现1.5万工钱》，荆楚网：http://www.cnhubei.com/200412/ca626296.htm.

35.包心鉴：《把党的政治优势转化为民主协商共建共享的社会优势——关于基层协商民主的调研与思考》，《中共天津市委党校学报》2017年第4期。

36.包心鉴：《论协商民主的现实政治价值和制度化构建》，《中共天津市委党校学报》2013年第1期。

37.本溪市社会主义学院课题组：《关于基层民主协商认知度的调研和思考》，《辽宁省社会主义学院学报》2017年第2期。

38.陈斌：《当前基层协商民主存在的问题与对策选择——基于临海市的调研分析》，《江南论坛》2017年第9期。

39.陈鼎：《政协协商纳入地方党委决策程序的制度创新——基于温岭市专题政治协商的实证调查》，《中央社会主义学院学报》2016年第6期。

40. 陈家刚:《基层治理:转型发展的逻辑与路径》,《学习与探索》2015 年第 2 期。

41. 陈家刚:《中国协商民主的比较优势》,《新视野》2014 年第 1 期。

42. 陈界交:《城阳"市民议事"活动收千条建议 每条都要答复》,半岛网:http://news. bandao. cn/news_html/201306/20130613/news_20130613_2188346. shtml.

43. 程林顺:《基层协商民主运行机制探究》,《中央社会主义学院学报》2016 年第 5 期。

44. 程同顺、邝利芬:《温岭民主恳谈的意义及局限》,《重庆社会主义学院学报》2014 年第 2 期。

45. 褚燧:《参与式预算与政治生态环境的重构——新河公共预算改革的过程和逻辑》,《公共管理学报》2007 年第 3 期。

46. 戴激涛:《协商民主研究:宪政主义视角》,北京:法律出版社 2012 年版。

47. 狄金华:《被困的治理:河镇的复合治理与农户策略(1980—2009)》,北京:生活・读书・新知三联书店 2015 年版。

48. 范伟国、范重:《"八步工作法"步步得民心 加强和改进基层思想政治工作①》,《人民日报》2004 年 7 月 4 日。

49. 冯耀明:《山西农村治理的协商民主实践》,《中共山西省委党校学报》2014 年第 3 期。

50. 郭鹏:《协商民主的边界》,《中国社会科学报》2015 年 6 月 12 日。

51. 郭志婷:《中国基层协商民主研究》,辽宁大学 2014 年硕士学位论文。

52. 韩春霞:《云南省嵩明县基层协商民主研究》,云南大学 2016 年硕士学位论文。

53. 韩冬梅:《西方协商民主理论研究:兼论比较视野中的中国协商民主理论构想》,北京:中国社会科学出版社 2008 年版。

54. 韩志明、潘玉华:《工资集体协商的制度及其实践——以天津市情况为例》,《中国劳动关系学院学报》2014 年第 3 期。

55. 何包钢:《近年中国地方政府参与式预算试验评析》,《贵州社会科学》2011 年第 6 期。

56. 贺海艳:《五指山市"乡村论坛"协商治理模式研究》,海南大学 2016 年硕士学位论文。

57. 贺雪峰、华中科技大学中国乡村治理研究中心编:《回乡记:我们眼中的流动中国》,北京:中信出版社 2018 年版。

58. 胡仙芝:《"听证会"如何才能在中国扎根 听证乱象与公众参与危机》,《人民论坛》2013 年第 10 期。

59. 黄微:《中国协商民主事实的价值、功能与法律化》,《西南民族大学学报(人文社会科学版)》2013 年第 8 期。

60. 黄文雅、郑晓妮、沈燕鸣:《"湖滨晴雨"工作室:触摸民主,感受民生》,浙江在线:http://hangzhou. zjol. com. cn/system/2013/09/24/019610608. shtml.

61. 江琳、蒋丽达:《"红"底色护佑"绿"乡村》,《人民日报》2015 年 4 月 28 日。

62. 赖育健:《构建金湾区新农村协商民主治理模式》,《法制与社会》2017 年第 13 期。

63. 郎友兴:《让农民的协商民主有效地运行起来:浙江省临海基层协商民主研究》,《中共浙江省委党校学报》2016 年第 5 期。

64. 黎雪源、陈晓莉、彭辉、贺东华:《进一步完善和发展基层协商民主的调查与思考》,《萍乡学院学报》2016 年第 1 期。

65. 李娟:《乡村治理中的协商民主实践研究——基于乐都区村民议事制的考察》,青海民族大学 2017 年硕士学位论文。

66. 李松、黄洁、梁桥:《物业出了问题 四方坐下来谈》,《法制日报》2007 年 8 月 4 日第 2 版。

67. 李松玉、王加加:《改革开放以来山东农村基层民主的发展成就与问题》,《辽宁行政学院学报》2016 年第 8 期。

68. 李万寅、唐薇频、胡益虎:《大事政府管 小事村组办 私事自己做——长沙县开展"乐和乡村"试点探索乡村社会治理新模式》,《长沙晚报》2014 年 12 月 26 日。

69. 李玉玲:《协商民主在中国发展的条件、困境及路径研究》,河北师范大学 2014 年硕士学位论文。

70. 李昱霖、宋玉辉:《河北全面推广企业和职工恳谈制度》,《工人日报》2017 年 7 月 31 日。

71. 厉有国:《中国基层协商民主实践:价值、问题与路径》,《吉首大学学报(社会科学版)》2015 年第 2 期。

72. 林尚立、赵宇峰:《中国协商民主的逻辑》,上海:上海人民出版社 2015 年版。

73. 林尚立:《在有效性中累积合法性:中国政治发展的路径选择》,《复旦学报(社会科学版)》2009 年第 2 期。

74. 林尚立:《中国共产党执政方略》,上海:上海社会科学院出版社 2002 年版。

75. 刘锟锋、李政、郝杰:《城阳建立市民议事制度——市民可定期给政府提意见建议》,《青岛日报》2012 年 3 月 21 日。

76. 刘雯瑜、陶长武:《阳光信访化难题 公开听证促公平——"信访听证芙蓉行"东湖站顺利落下帷幕》,长沙市芙蓉区人民政府官方网站:http://www. furong. gov. cn/xxgk/qw/xfj/news/201510/t2015102 2_242545. shtml.

77. 罗宝:《全椒村民理事会:理百家事 解百姓忧》,《安徽日报》2014 年 4 月 27 日第 3 版。

78. 罗宝:《全椒县大季村以村民组或自然村为基本单元,开展村民自治试点——选出理事会 村里更和谐》,《安徽日报》2017 年 8 月 3 日。

79. 吕德文:《找回群众:重塑基层治理》,北京:生活·读书·新知三联书店 2015 年版。

80. 马高戈:《改革开放以来我国中部农村地区协商民主实践发展研究——以湖北省黄冈市为例》,武汉纺织大学 2016 年硕士学位论文。

81. 马来平:《关于协商民主的若干认识问题》,《贵州社会科学》2014 年第 10 期。

82. 满东广:《让村民协商决定村里事》,《农民日报》2015 年 10 月 16 日。

83. 毛长久、刘婷婷、丁春早、蒋剑俊:《湖滨晴雨工作室:解放路 213 号 56 户居民的用水难题妥善解决》,浙江在线:http://hangzhou. zjol. com. cn/system/2013/08/02/019510818. shtml.

84. 梅育辉、王波、姚军梅、刘光、赵云涛:《芜湖美好乡村建设百姓当"主演"政府当"助手"》,芜湖文明网:http://ahwh. wenming. cn/wmbb/201512/t20151208_2179145. shtml.

85. 孟祥夫:《既"当家作主"又"管钱管事"》,《人民日报》2016 年

3 月 30 日。

86. 乔晓莹、李忠权、梁栋荣:《玉林市探索"村务商议团"民主管理观察》,广西新闻网:http://news.gxnews.com.cn/staticpages/20151003/newgx560f1c97 – 13677097.shtml.

87. 唐洪英、魏爱云等:《重庆开县麻柳乡构建和谐社会调研报告》,《人民论坛》2005 年第 2 期。

88. 人民日报评论部:《倾听那些"沉没的声音"》,《人民日报》2011 年 5 月 26 日。

89. 任中平、王菲:《基层协商民主的经验、价值与启示——以成都市青白江区芦稿村为例》,《党政研究》2015 年第 4 期。

90. 阮桂春:《基层协商民主建设应注意的问题》,《学习时报》2015 年 6 月 29 日。

91. 宋连胜、白启鹏:《农村基层协商民主的时代价值》,《理论探讨》2016 年第 1 期。

92. 苏爱萍:《基层协商与精英自觉:基层治理之儒家经验的借鉴》,《山东大学学报(哲学社会科学版)》2017 年第 4 期。

93. 苏振华:《参与式预算的公共投资效率意义——以浙江温岭市泽国镇为例》,《公共管理学报》2007 年第 3 期。

94. 孙静文:《基层协商民主的改革期望与现实不足》,《改革与开放》2017 年第 20 期。

95. 王社民、徐首红、颜新文:《农村民主政治建设的有力抓手——浙江深入推进村务监督委员会建设纪实》,《中国监察》2011 年第 8 期。

96. 王淑华、王彩云:《搭建服务平台 创新社会管理——以安图县群众诉求服务中心为例》,《经济视角(下)》2013 年第 12 期。

97. 王治河:《福柯》,长沙:湖南教育出版社1999年版。

98. 文丰安:《当前我国基层协商民主机制创新之理性审视》,《重庆理工大学学报(社会科学版)》2016年第8期。

99. 谢佳君:《马岩村村民议事会的基层民主探索》,《成都商报》2010年4月28日。

100. 熊茂平、楼中梁:《创新社会管理 延伸工作手臂:江西省鹰潭市推进村民事务理事会建设》,《学习时报》2012年10月8日。

101. 许琼华:《参与式预算与基层协商民主有效性——基于温岭的考察》,华东政法大学2015年硕士学位论文。

102. 许阳飞、殷红霞:《改革完善我国基层协商民主制度的思考》,《攀枝花学院学报》2015年第4期。

103. 杨根乔:《关于基层协商民主建设的调查与思考》,《中州学刊》2016年第1期。

104. 杨红喜、容晖:《"居民对话会"基层协商民主的一种好形式——基于基层社会治理的视角》,《湖北省社会主义学院学报》2017年第6期。

105. 杨守涛:《政府与公众间的协商不平等问题及其对策》,《领导科学》2014年第14期。

106. 姚远、任羽中:《"激活"与"吸纳"的互动——走向协商民主的中国社会治理模式》,《北京大学学报(哲学社会科学版)》2013年第2期。

107. 叶长茂:《协商民主:后发国家政治可持续发展的优选路径》,《高校理论战线》2013年第3期。

108. 应磊、俞莉、陈光曙:《象山2.0版"村民说事"打造乡村治理新样本》,《浙江日报》2018年5月25日第8版。

109. 于海东:《时刻见到群众心里才踏实——记党的十九大代表、乌海市乌达区巴音赛街道办事处副主任王改梅》,《内蒙古日报》2017年10月2日。

110. 余涛:《多维视域下的基层协商民主建设——基于北京市东城区基层协商民主建设情况分析》,《安阳师范学院学报》2016年第4期。

111. 俞可平:《协商民主:当代西方民主理论和实践的最新发展》,《学习时报》2006年11月6日。

112. 云浮市党建学会课题组、凌锋、康就升:《完善农村基层民主政治制度　改进基层党组织领导方式——云浮市实施"活力民主,阳光村务"工程的调查与思考》,《南方农村》2007年第4期。

113. 曾炳光、戴江海:《云霄"低保民主评议票决"模式将在全省推广》,闽南网:http://zz.mnw.cn/yunxiao/xw/325134.html.

114. 张敏:《政府供给与基层协商民主生长:基于三地实践的考察》,《学海》2016年第2期。

115. 张太保:《村民自治中的协商民主:功能与价值》,《湖南省社会主义学院学报》2017年第1期。

116. 张媛媛:《村级"四权"建设:从"为民做主"变"由民做主"》,《邓州日报》2018年4月15日。

117. 张振中:《"乐和乡村"在湖南落地生根》,《农民日报》2014年12月5日。

118. 赵超英:《村民自治不是村干部自治　河北省青县的村治模式》,《党的建设》2005年第4期。

119. 赵青、高星:《朝阳区麦子店街道践行党政群共商共治 破解十年顽疾》,人民网:http://bj.people.com.cn/n2/2016/0905/c82838 –

28951070. html.

120. 中铁宝桥集团有限公司官方网站:http://www. crbbi. com/Job/.

121. 周波:《基层协商民主视角下的村民自治研究——以广州市增城区下围村为例》,广州大学 2017 年硕士学位论文。

122. 周小雷、张柏平、周威:《"板凳夜话"唠征兵》,《湖南日报》2016 年 5 月 9 日。

123. 周咏南、朱海兵、廖小清:《有事多和群众商量——临海创新基层协商民主纪事》,《浙江日报》2015 年 10 月 23 日。

124. 朱晓莉、乔军旗:《全面打造阳光村务 建设民主和谐农村》,眉县廉政网:http://www. mxlzw. gov. cn/youyG _ ShowArticle. asp? youy_ArticleID = 3737.